KB202464

부족해도 괜찮아

부족해도 괜찮아

초판 1쇄 | 2012년 3월 10일
초판 8쇄 | 2020년 11월 12일

지은이 | 이재욱
일러스트 | 임유정
디자인 | 호유선
펴낸이 | 신은철
펴낸곳 | 좋은씨앗
출판등록 | 제4-385호 (1999. 12. 21)
주소 | 서울시 서초구 바우뫼로 156, 402호
주문전화 | (02)2057-3041 주문팩스 (02)2057-3042
www.facebook.com/goodseedbook

ISBN 978-89-5874-183-1 03230
Printed in Korea

좋은씨앗

처음부터 끝까지 즐겁게 단숨에 읽었습니다. 이 책에는 평범함 속에 숨겨둔 비범함이 가득 차 있습니다. 또한 하나님께서 주신 삶의 순간순간을 소중히 여기며 진지하고도 즐거운 삶의 태도로 가득 차 있습니다. 그리고 이 책을 읽게 될 청소년들을 향한 뜨거운 열정이 가득 담겨 있습니다.

이재욱 목사님과 함께 갔던 말레이시아 코스타 때의 감동이 생각이 납니다. 말레이시아 코스타 첫날, 낮 순서의 모든 프로그램을 은혜 가운데 마치고 저녁식사 후 첫날 밤 집회시간이 되었습니다. 그날 저녁집회 때는 이재욱 목사님이 말씀을 전하기로 되어 있었습니다.
말씀을 전하기 위해 이재욱 목사님께서 강단에 올라 약 10분 정도 뜨거운 말씀을 전하는 도중 집회장의 전기가 나가버리고 말았습니다. 예배가 진행되던 집회장이 순식간에 암흑으로 변해 버린 것입니다. 집회장 안에 있던 모든 사람들은 당황했습니다. 전등은 모두 꺼져 암흑천지에 마이크도 사용할 수가 없고, 그 뜨거운 날씨에 에어컨도 작동을 멈추었습니다. 집회를 더 이상은 도저히 계속할 수 없는 상황이었습니다. 시설 담당자들은 전기를 다시 켜기 위해 동분서주했지만, 그 지역 동네 전체가 정전이 된 상태였습니다. 우리가 할 수 있는 일은 없었습니다.

잠시 집회를 중단했다가 전기가 들어오면 다시 시작해야겠다고 생각하는 순간, 강단 위에 있던 이재욱 목사님의 우렁찬 목소리가 울려왔습니다. "사랑하는 말레이시아 코스타 청소년 여러분! 지금 전기가 나갔습니다. 이 깜깜한 곳에서 저는 여러분이 보이지가 않습니다. 여러분도 제가 보이지 않을 것입니다. 그러나 저는 계속 설교를 하겠습니다. 저는 말씀을 전하고 여러분은 말씀을 듣는 이 순간을 포기하지 말기를 바랍니다."

웅성거리던 수백 명의 학생들이 그 말을 듣자마자 집회장이 떠나갈듯 함성을 지르며 박수를 쳤습니다. 그렇게 깜깜한 어둠 속에서 집회는 계속되었습니다. 더구나 말레이시아의 폭염 속에서 에어컨마저 멈춘 집회장은 점차 뜨거운 찜통으로 변해 갔습니다. 그런데도 이재욱 목사님은 목청이 터져라 마이크 없이 큰 소리로 설교했고, 한 명의 학생도 움직이지 않고 설교에 빨려들어 은혜를 받고 있었습니다.

집회가 거의 끝날 때쯤에서야 전기가 다시 들어왔기에 그날 밤은 완전히 깜깜한 정전 속에서 집회를 한 것입니다. 그날의 뜨거웠던 은혜를 잊을 수가 없습니다. 함께 간 강사님들과 학생들은 이재욱 목사님에게 별명을 하나 지어 주었지요. "정전 설교의 대가!"

환경을 탓하며 자신의 할 일을 포기하는 시대입니다. 남과 비교하느라 자신의 인생을 낭비하는 시대입니다. 상대적인 평가로 인해 자신의 삶을 무가치하게 여기고 세상 사람들이 말하는 큰 성공을 향해 무작정 달려가는 때에, 내가 서 있는 곳을 사랑하며 내게 주어진 것을 갈고 닦으며 무엇보다 하나님과 깊은 교제로 나아가라는 메시지는 여러분의 속사람을 변화시키고 기쁨으로 가득하게 이끌어 줄 것입니다.

유임근 목사

KOSTA 국제본부 국제총무

★★★

청소년인가요? 당신이 어떻게 이 책을 손에 집어 들게 되었는지 잘 모르지만, 서점에서 우연히 보게 되었거나, 당신을 아끼는 누군가가 선물한 것일 수도 있겠죠. 어떻든 당신은 오늘 참 행복한 사람입니다. 참 좋은 책을 손에 들었기 때문입니다.

그 이유를 말씀드리죠. 글을 쓰신 이재욱 목사님이 좋은 분이기 때문입니다. 저는 이재욱 목사님을 잘 아는 사람이에요. 함께 밥 먹고 차 마시고 이야기를 나누는 사이죠. 이재욱 목사님은 오랜 시간 청소년들과 함께 생활하신 분이세요. 청소년들을 잘 아시죠. 청소년이 하나님의 부르심에 따라 밝고 맑은 내일을 소망하며 당당하게 하루를 맞이하는 데 필요한 것이 무엇인지 잘 아세요.

그래서 그의 글은 구체적이고 섬세하죠. 마치 목적지를 향해 달리는 기차를 타고 풍경을 즐기는 느낌을 상상하시면 도움이 될 거예요. 이 책을 한 장 한 장 읽으면서 여러분은 한 없는 위로를 받으실 거예요.

그렇다고 "그 자리에 주저앉아 있어도 된다."고 말하지는 않습니다. 그 자리에서 일어서는 방법, 올바른 방향을 바라보는 시선, 그리고 어떻게 걸어가야 하는지도 가르쳐 줄 거예요.

그렇다고 "정신 차리고 당장 일어나라"고 소리치지는 않을 거예요. 여러분이 하나님 안에서 "좋아하고 잘하는 것으로 다른 사람에게 도움이 되는 인생"을 살아가는 데 있어서 이 책은 좋은 동반자가 될 거예요.

김용재 목사

다.세.연. 심부름하는 사람, 숲속샘터교회 담임

★★★

이 책은 "Number One"이 모든 것을 독식하는 세상에서, "Number One" 보다 더 중요한 "Only One"에 대해 말해 주는 책입니다. 청소년을 사랑하는 저자가 식상하지 않은 시각과 진심어린 마음으로, 하나님의 계획과 뜻 안에서는 그 누구도 예외 없이 소중한 존재라는 것을 조곤조곤 전하고 있습니다.

'오병이어' 사건으로 스타가 된 물고기 두 마리도 귀하지만, 보이지 않은 곳에서 사람들의 허기를 채워 주었던 수많은 물고기도 하나님 보시기에 동일하게 귀하지 않던가요.

오랫동안 이재욱 목사를 곁에서 지켜본 사람으로서 그의 시선이 앞선 아이들과 뒤에 선 아이들에게 동일하게 닿아왔음을 분명히 알고 있습니다. 그러기에 이 책이 하루아침에 그려진 것이 아니라 오랜 기간 많은 청소년들과 함께하며 다듬어져 온 정갈한 메시지가 담겨져 있다는 사실 또한 알고 있습니다.

그가 언젠가 나에게 이런 책을 쓰고 싶다고 말을 건네 왔을 때, 나는 주저 없이 응원했고, 오랫동안 기다려왔습니다. 이제 그 말이 결실을 맺어, 기쁨을 함께 나눌 수 있게 되어 얼마나 감사한지 모르겠습니다.

청소년들에게 추천할 만한 경건 서적이 많지 않은 상황 속에서, 오랜 기간 다듬어지고, 매만져져 나온 귀한 보석을 만나는 기쁨을 청소년들과 그들을 사랑하는 모든 분들과 함께 나누고 싶습니다.

김정윤 목사

사랑의교회 청소년부서 Director

Contents

Step 02

부족함 속에 승리의 비결이 있다

Step 03

부족함 속에 우리의 경주가 있다

저는 참 부족한 사람입니다. 정말 그렇습니다. 그 부족함 때문에 깊이 낙심을 하기도, 이렇게 저렇게 넘어지고 뒹굴기도 했지요. 때로는 부족함을 감추어 보려고 배를 크게 부풀려 보기도 했고요, 누군가가 그 부족함을 지적할라치면 먼저 내 안에 가시를 꺼내어 사정없이 찔러 보기도 했습니다.

그러던 어느 날 알게 되었습니다. 내게 거추장스러운 장애물일 뿐이라고 생각했던, 그저 감추고 지우고, 없애야 할 대상이라고만 여겼던 그 부족함에 다른 가치가 있다는 사실을 말입니다.

물론, 어떤 부족함의 부분은 우리가 채워 나가야 할 대상이기도 합니다. 힘껏 뛰어 넘어야 할 장애물일 수도 있어요. 그러나 모든 부족함이 그렇지는 않습니다. 어떤 부족함은 실은 하나님께서 곁에 두신 아주 귀중한 동반자이기도 합니다.

우린 일그러진 안경으로 자신과 세상을 본 나머지, 아무런 가치가 없는 것들에 얼마나 많이 눈독을 들이곤 하는지요. 그런가 하면 꼭 보아야 할 귀한 것들을 내팽개쳐 두거나, 쓸모없는 것으로 취급해 버리기도 일쑤입니다. 그 가운데 실은 소중하지만, 우리의 착각으로 버려진 '소중한 부족함'들이 있습니다.

이 책은 우리 속에 숨겨진 그런 '소중한 부족함'들에 대한 이야기입니다. 부족해서 낙망하고, 부족해서 넘어지는 것이 아니라 부족해서 귀하고, 부족해서 쓰임 받고, 부족해서 더 열심히 달릴 수 있다는 사실을 사랑하는 청소년, 청년들, 그리고 그들을 사랑해서 곁에 있는 모든 분들과 함께 나누고 싶습니다.

더 바라기는 책을 읽은 독자 분들과 또 다른 소통의 장도 가질 수 있으면 좋겠습니다. 제 페이스북(http://www.facebook.com/cteen7)이 여러분을 향해 열려 있다는 사실을 기억해 주세요. 삶을 나누고, 함께 고민할 수 있다면 큰 기쁨이겠습니다.

양가 부모님, 사랑하는 아내 진화와 두 자녀 다현이, 의현이, 그리고 소중한 모든 가족들, 함께한 동역자들, 대방중앙교회 교우들, 좋은씨앗 식구들, 추천사를 써주신 세 분의 목사님들, 무엇보다 이 책을 존재하게 한 나의 제자들과, 함께 말씀을 나누었던 많은 십대들, 그리고 청년들에게 변하지 않는 감사와 사랑을 전합니다.

오직 주님께 영광을.

Step 01

부족함 속에 특별함이 있다

못생긴 나무가 산을 지킨다

"못생긴 나무가 산을 지킨다"는 속담이 있습니다. 잘생기고 쭉쭉 뻗은 나무들은 이런 저런 이유로 베어져서 사람들을 위해 유용하게 사용됩니다. 그러나 꾸불꾸불하고 못생긴 나무들은 별 쓸모가 없어서 오히려 산에 남게 된다는 뜻입니다.

산에 남겨진 못생긴 나무는 정말 쓸모가 없는 것일까요? 아닙니다. 산에 남겨진 그 나무들이 있기에 우리는 푸른 산과 맑은 공기를 누릴 수 있습니다. 그 나무들이 있기에 맑은 시내, 생수의 근원을 얻을 수 있습니다. 화려한 궁전의 대들보도 귀하지만, 오늘도 전혀 눈에 띄지 않는 자리에서 산을 지키고 있는 못생긴 나무도 충분히 아름답고 귀합니다.

부족하다는 것은 그릇되었다는 것과는 다른 것입니다. 조금 뒤집어 보면 부족하다는 것은 독특하다는 것입니다. 생각해 보십시오. 빨강색은 파랑색이 부족한 것입니다. 물론 파랑색은 빨강색이 부족한 것입니다. 삼각형은 사각형에 비해 각이 부족합니다. 사각형은 삼각형에 비해 단순함이 부족합니다. 이처럼 어디가 얼마만큼 부족하냐에 따라서 독특함이 결정됩니다.

조각가가 산에서 돌을 떼어 옵니다. 그리고 하는 일이 무엇입니까? 조각하는 일입니다. 조각은 잘라낸다는 것이고, 잘라낸다는 것은 채워져 있던 것을 부족한 상태로 만든다는 것입니다. 그러니까 돌이 어디가 얼마만큼 부족해지느냐에 따라 어떤 조각이 되는지가 결정됩니다.

생각해 보면 사람은 누구나 부족합니다. 완전한 사람이란 존재할 수가 없습니다. 이것은 사람이 죄로 타락했기 때문에 생긴 결과가 아닙니다. 사람은 원래 처음에 창조되었을 때부터 그렇게 창조되었습니다.

하나님께서 처음 만드신 사람 아담을 바라보시며 이렇게 생각하셨습니다.

> "여호와 하나님이 이르시되 사람이 혼자 사는 것이 좋지 아니하니 내가 그를 위하여 돕는 배필을 지으리라 하시니라"(창 2:18)

하나님께서 '혼자 사는 것이 좋지 아니하니'라고 하셨습니다. '돕는 배필'이 필요하다고 하셨습니다. 무슨 말입니까? 아담 혼자로는 부족하다는 말씀입니다. 아담을 채워 줄 수 있는 다른 사람이 필요했습니다. 사람은 완전하지가 않습니다. 부족합니다. 그래서 서로를 채워 줄 수

있는 다른 존재가 필요합니다. 내가 삼각형이고 저 사람은 사각형이기 때문에 세상은 아름다워집니다. 부족하다는 이유로 누가 누구에게 열등한 존재가 아닙니다.

우리 청소년들이 우러러보는, 아니 사실은 부모님들이 더 좋아하는 직업들이 있습니다. 예를 들어 의사, 변호사, 공무원 같은 전문 직종입니다. 그러나 여러분 생각해 보십시오. 세상에 의사밖에 없다면 어떨까요? 세상에서 할 수 있는 일이라는 게 서로 약 먹이고, 수술하는 일밖에 없는 세상을 상상할 수 있습니까? 세상에 변호사밖에 없다면 어떻겠습니까? 만날 서로 소송만 하고 있을 수는 없지 않겠습니까?

머리 좋고 공부 잘해서 의사하고 변호사할 수 있는 좋은 사람들이 많이 나와야 합니다. 세상에는 의사나 변호

사가 필요하기 때문입니다. 그러나 상대적으로 머리가 나빠서 공부를 못하는 사람들도 있어야 합니다. 그래서 머리 좋은 사람들이 하기 싫어하는 일들도 감당해 주어야 세상이 제대로 굴러 갑니다. 그리고 머리 좋은 사람들은 자신들이 할 수 없는 일을 해 주는, 즉 자신들의 부족한 부분을 채워 주는 그 사람들을 무시하면 안 됩니다. 그러면 하나님께서 진짜 열 받으십니다.

많은 분들이 청소년들에게 용기를 주기 위해서 "지금은 비록 보잘 것 없어 보여도, 나중에는 분명 크게 될 거야!", "연약해도 하나님 의지하면, 약할 때 강함 주시는 하나님이 크게 쓰실 거야."라고 격려하시곤 합니다. 감사한 마음이라고 생각합니다. 관심과 사랑의 표현이라고 생각합니다. 이런 격려를 통해 큰 가능성을 가지고 있으면서도 현실에 낙망하던 많은 친구들이 일어나는 것을 봅니다. 작은 상처에 발목 잡혀 끙끙거리던 친구들이 회복되는 것도 봅니다.

그런데 말입니다. 약의 치료 효과가 높을수록 그 독성도 강해질 수 있듯, 이런 격려도 자칫 잘못하면 독이 될 수도 있음을 분명히 기억해야 합니다. 왜냐하면, 크게 될 수 있는 사람이란 그야말로 소수이기 때문입니다. 세상은 언제나 소수의 큰 사람들과 다수의 평범한 사람, 그리고 다시 소수의 작은 사람들이 살아가게 되어 있습니다. 평범한 것과 작은 것은 다 믿지 않는 사람들이 하고, 큰 것만 예수 믿는 사람들이 다 할 수 있을 리 만무합니다.

청소년들이 "내가 지금은 찌질해도, 나중에는 크게 쓰일 거야." 하고 달려갑니다. 그러나 나중에 어른이 되었을 때, 대다수는 평범하거나 작은 사람으로 남습니다. 그러면서 낙망을 합니다. '한때 내가 열방을 품었는데, 세계를 꿈꾸었는데, 지금 내 삶은 너무 초라하지 않은가.' 하고 말이죠.

그러나 기억해야 합니다. 큰 것은 결코 작은 것이 될 수 없다는 사실을 말입니다. 큰 것은 큰 것이고, 작은 것은 작은 것입니다. 작은 것이 초라한 것이 아니라, 초라한 것이 초라한 것입니다. 우리 모두의 인생은 하나님 앞에 귀합니다. 크고 작음의 문제가 중요한 것이 아닙니다. 우리가 보기에 더 잘나고 못나고, 더 채워지고 부족하고의 문제가 아닙니다.

부족해도 괜찮습니다. 어떤 인간도 다 부족합니다. 하나님께서 그렇게 만드셨습니다. 서로 채워가라고 부족하게 만든 인간이 자기들끼리 잘난 척하고 실망하고 열받고 그럽니다. 어리석은 일입니다. 하나님께서 내게 주신 귀한 삶을 귀하게 채워 가면 됩니다. 하나님 앞에 신실하고, 하나님 앞에 충성되게 살아가면 됩니다.

70억 분의 1

특별한 이유가 있었던 것은 아니었습니다. 어느 날인가 지하철을 타고 가다가 그냥 별 이유 없이 사람들을 하나하나 살피게 된 적이 있었습니다. 핸드폰을 만지작거리는 사람, 졸고 있는 사람, 옆 사람과 이야기를 나누는 사람, 신문이나 책을 보고 있는 사람…. 다양한 사람이 다양한 모습으로 한 지하철을 타고 가고 있는 것이 그날따라 재미있게 보였습니다.

하나님께서는 사람을 참 다양하게 만드셨습니다. 얼

마나 다양하게 만드셨는가 하면, 전 세계 70억 인구 중에 똑같은 사람이 하나도 없을 만큼 다양합니다.

먼저, 외모가 다 다릅니다. 물론 놀라운 정도로 닮은 사람도 있고, 쌍둥이도 있지만, 그래도 완전히 똑같지는 않습니다. 설사 외모가 거의 유사하다고 해도 그 마음과 생각은 다릅니다. 살아가는 환경이 다르고, 매일의 행동이 다릅니다. 세상에는 똑같은 외모로 똑같은 마음을 가지고, 똑같은 환경에서, 매일 똑같은 행동을 하며 사는 사람이 하나도 없습니다. 그래서 나는 70억 중 한 명이 아니라, 69억 9999만 9999명과는 다른 유일한 한 명입니다. 하나님은 우리를 이렇게 세상에 유일한 한 명으로 창조하셨습니다.

그뿐입니까. 생각을 해 보면 우리는 70억 중에서 유일한 정도가 아니라, 전 인류 역사 속에서도 유일합니다. 2011년 10월 11일 새벽 3시에 서울 대방동 대방중앙교회 목양실에서 글을 쓰고 있는 이재욱 목사는 전 인류 역사 속에 두 명이 있을 수가 없습니다. 단 한 명뿐입니다. 제가 없어지면, 제 자리는 그 어느 누구도 대신할 수 없습니다. 세종대왕, 나폴레옹, 아니면 다윗, 베드로….

그 누구도 저를 대신할 수 없습니다. 제가 이런 사람입니다.

하나님께서 창조의 섭리 가운데 우리에게 허락하신 가장 놀라운 은혜는 바로 이것입니다. 우리를 온 우주와 온 시간 가운데 단 한 사람으로 창조하셨다는 것입니다. 그렇게 창조한 우리를 하나님께서는 결코 군중으로 대하시지 않고 일대일로 만나 주시고, 나의 하나님이 되어 주십니다.

하나님은 엄청 바쁘십니다. 생각해 봅시다. 온 우주가 하나님 없이 움직이지 않습니다. 날마다 정확하게 태양은 뜨고 져야 하며, 지구는 정확한 각도와 속도를 유지하며 돌아야 합니다. 바다는 밀물과 썰물, 조류의 흐름을 유지해야 하며, 식물들은 끊임없이 광합성을 하고 산소를 공급해야 합니다. 우리 몸의 세포, 세포 안의 원자, 전자까지도 제 기능에 따라 치밀하게 움직여야 합니다. 광활한 우주에서 가장 작은 세계에 이르기까지 하나님의 손이 없이 움직이는 곳은 없습니다.

그런데 그 바쁜 가운데도 하나님은 우리의 머리털 개수까지 헤아리십니다.(눅 12:7) 하나님이 꼭 우리 머리털

하나님,
저는 왜 이렇게
미안하게 생겼을까요...

까지 세실 필요는 없으실 것 같은데도 그렇게 하십니다. 요즈음 머리털이 많이 빠지고 있는데 하나님의 일을 덜어 드리는 것 같아서 기쁘게 생각하고 있습니다.

하나님께서는 우리를 이처럼 귀하게 창조하시고 귀하게 대하시는데, 우리는 불평합니다.

"하나님, 나는 얼굴이 왜 이 모양이에요! 저를 만드실 때 피곤하셨어요? 왜 이렇게 성의 없이 만드셨어요!"

그러고는 하나님께서 못다 하신 일 내가 완수하겠다고, 얼굴 견적을 냅니다. 물론, 성형 수술한다고 지옥가지 않습니다. 번개치지 않습니다. 천사 출동하지 않습니다. 그러나 우리가 스스로를 어떻게 생각하느냐는 매우 중요합니다. 하나님께서 내게 주신 것에 감사하며, 하나님이 나를 얼마나 귀하게 보시는지를 아는 것은 너무도 중요합니다.

하나님이 주신 것의 가치와 나의 소중함을 바로 알게 되면, 절제가 되는 것입니다. 저는 아이들이 물어 보면 "쌍꺼풀 정도까지는 봐주마." 이렇게 말합니다. 그냥 제가 봐준다는 말입니다. 실은 속내는 그것도 안 했으면 좋겠습니다. 그러나 제가 선을 그을 수 있는 문제는 아니고 자신에 대한 바른 가치 인식 안에서 신앙의 양심을 따를 일입니다. 그렇지만 외모를 가꾸는 일이 인테리어 정도가 아니라 재개발로 가면, 그것은 어떤 말을 갖다 붙여도 건강한 신앙적 태도라고 보기 힘들 것입니다.

지금 하는 이야기가 꼭 외모에 국한된 문제는 아닙니다. 그러나 외모로 예를 드는 것이 이해가 쉽기 때문에 이렇게 말씀드리고 있다는 것을 기억해 주기 바랍니다. 여러분, 예쁜 것은 예쁜 것이고, 평범한 것은 평범한 것이고, 못생긴 것은 못생긴 것입니다. 무슨 말인가 하면 모두 그대로의 가치가 있는 것이지, 무엇인가 더 열등한 것이 아니라는 말입니다.

저는 산을 참 좋아합니다. 오르는 것을 좋아하는 편은 아니고 그냥 보는 것을 좋아합니다. 멋진 산을 보면 얼마나 기분이 좋은지 모르겠습니다. 그러나 산이 아무리 좋고 멋있어 보여도 산 사진을 들고 병원으로 달려가지 않습니다.

"제 얼굴을 이 산처럼 멋있게 해 주세요! 이쪽은 봉우리, 이쪽은 계곡으로요!"

이것은 성형외과가 아니라 정신병원에 가야 할 문제입니다. 실제로 외국에는 남편이 하도 다른 여자에게 눈을 돌리자, 남편의 사랑을 받기 위해 남편이 좋아하는 고양이가 되어야겠다고 결심한 여성이 있었습니다. 이 여성은 수십 번의 성형 끝에 고양이의 얼굴을 갖게 되었습니다. 여러분, 이것은 마음이 병든 것입니다.

잘 생긴 것, 평범한 것, 예쁜 것은 또 각자의 역할이 있습니다. 잘 생기고 예쁜 사람들은 사람들을 기분 좋게 합니다. 멋진 산을 보거나 예쁜 곳을 보면 기분이 좋은 것과 같습니다. 잘 생기고 예쁜 것은 기쁜 마음으로 누리시기 바랍니다. 와, 참 멋지다. 와, 참 예쁘다. 기분 좋고 끝나면 되는 것입니다.

자기가 잘 생기고 예쁘다고 생각하는 친구는 다른 사람을 즐겁게 해 주기 위해서 항상 얼굴을 들고 다니시기 바랍니다. 또 남자 친구, 여자 친구를 사귀지 말아서 많은 친구들에게 희망을 주시기 바랍니다. 연예인들이 괜히 결혼을 늦게 하는 것이 아닙니다. 벌써 남자 친구, 여자 친구가 있다면 회개하고 깨지시기 바랍니다.

평범하게 생긴 친구들은 사람을 편안하게 해 줍니다.

내가 제일 잘나가~!
헐 뭥미?

솔직히 너무 잘 생기고 예쁜 친구들은 보기에는 좋지만, 막상 앞에 있으면 좀 부담스럽기도 합니다.

한번은 식당에서 밥을 먹다가 유명한 여자 연예인과 눈이 마주친 적이 있습니다. 그때부터 얼마나 부담스럽던지요. 그 연예인이 저를 신경 쓰지도 않을 것이 뻔한데도 그렇게 신경이 쓰이고 부담스럽습니다. 그렇지만 평범하게 생긴 친구들과 있으면 얼마나 마음이 편한지 모릅니다. 같이 밥을 먹으면 소화도 잘 됩니다.

그럼 못생긴 친구들은 어떻습니까? 못생긴 친구들은 많은 사람들에게 용기를 줍니다. 쟤도 사는데 나도 열심히 살아야지 생각하게 됩니다. 좀 장난 같을지 모릅니다. 그러나 그렇지 않습니다.

못생긴 외모로 유명한 한 개그맨은 연말 시상식 수상 소감에서 "저를 이렇게 못생기게 해 주신 하나님께 감사드립니다."라고 했습니다. 남들은 사람 한 번 웃기기가 그렇게 힘든데, 자기는 얼굴만 내밀어도 웃는다는 말입니다.

요즈음 하도 외모를 중요하게 생각하니까 못생겨서 죽고 싶다는 친구들도 있습니다. 그런데 어떤 못생긴 친구는 너무나도 당당하게 살아갑니다. 하나님이 자신을 창조하신 가치를 알고 예수님께서 나를 위해 죽으신 사랑을 아니까 당당합니다. 그러면 많은 것을 가지고도 힘겨워하던 친구들이 놀랍니다. 하나님이 어떤 분인지, 예수님이 어떤 분인지 궁금해집니다.

비교하니까 아프다

'비교의식'이 문제입니다. 하나님께서 우리 각자를 전 인류 역사에서 유일한 한 명으로 창조하시고 하나뿐인 아들의 생명으로 구원하실 만큼 사랑하십니다. 그럼에도 불구하고 우리가 '비교의식'에 젖어들면 결코 자신의 바른 가치를 발견할 수가 없습니다.

하나님께서 나를 어떻게 보시는지를 생각하지 않고 남이 나를 어떻게 보는가를 생각합니다. 그러니까 남들보다 조금 낫다 싶으면 그렇게 잘난 척을 하고, 남들보다 조금 못하다 싶으면 열등감에 빠져 허덕입니다.

제가 대학에 다닐 때, 한 교수님이 자신의 경험담을 들려 주셨습니다. 80년대쯤이었는데, 부산에서 경부고속도로로 운전해서 대전에 가실 일이 있었답니다. 경부고속도로는 부산에서 서울까지 연결되어 있는데, 대전은 그 중간쯤 됩니다.

교수님의 차는 당시에 잘 알려진 대우에서 만든 '르망'이라는 자동차였습니다. 마침 차를 뽑은 지도 얼마 안 되는 때라 새 차를 타고 기분 좋게 달려가고 있었습니다. 그런데 당시 르망의 경쟁 차종이었던 현대 '엑셀'이 갑자기 교수님의 차를 추월해서 달려가는 것이었습니다.

순간 오기가 생긴 교수님이 다시 엑셀을 추월했습니다. 엑셀 운전자도 자존심이 상했던지 다시 추월을 했습니다. 이렇게 르망, 엑셀, 르망, 엑셀… 서로 경쟁을 하고 있는데 정신을 차리고 보니 앞에 낯익은 문구가 보이더랍니다.

"어서 오십시오. 서울입니다."

옆 차를 보면서 정신없이 달리다 보니, 목적지인 대전을 한참 지나 경부고속도로 끝인 서울까지 와 버린 것입니다. 이 이야기를 해 주시면서 교수님 하신 말씀이 제 마음에 깊이 각인되었습니다.

"여러분, 옆 차를 보지 마시고 목적지를 생각하십시오."

그렇습니다. 우리 인생의 목적은 옆 친구보다 더 잘나가는 것이 아닙니다. 하나님께서 내게 주신 사명을 다하는 것입니다. 하나님께 영광을 돌리고, 하나님께 칭찬받는 인생을 사는 것입니다. 하나님이 나를 어떻게 생각하실지를 생각해야 합니다. 그런데 우리는 자꾸 옆 사람을 봅니다. 나는 옆 사람보다 더 잘났나, 못났나를 생각합니다. 이게 극복이 안 되니까 심지어 목사님들도 내 교회가 큰가, 옆 교회가 큰가 하는 것으로 속상해 합니다.

성경에도 참 재미있는 장면이 있습니다. 요한복음 21장을 보면 부활하신 예수님께서 제자들에게 다시 나타나시는 장면이 있습니다. 거기서 예수님은 자기를 3번 부인한 베드로를 회복시켜 주시고 그가 나중에 주님을 위해 영광스런 죽음을 맞이할 것을 예언해 주십니다.

그 순간 베드로는 요한은 어떻게 될지가 궁금했습니다. 그래서 예수님께 "그럼, 요한은 앞으로 어떻게 될까요?"라고 묻습니다. 그러자 예수님께서 이렇게 대답하십니다.

"내가 올 때까지 그를 머물게 하고자 할지라도 네게 무슨 상관이냐 너는 나를 따르라."(요 21:22)

그렇습니다. 요한을 어떻게 쓰실지는 베드로가 상관할 바가 아닙니다. 주님은 말합니다.

"네게 무슨 상관이냐 너는 나를 따르라."

우리가 봐야 할 것은 주님이지 옆 친구가 아닙니다. 주님을 따르는 것이 우리의 일입니다. 옆 친구는 답안지를 밀려 써도 백점을 맞았다 한들, 얼굴 몸매가 착하다 못해 성인군자의 반열에 오를 만하다고 한들 그게 대체 나와 무슨 상관이겠습니까? 중요한 것은 우리가 주님을 따르는 것입니다. 다시 한 번 주님의 명령을 기억합시다.

"네게 무슨 상관이냐 너는 나를 따르라."

"아, 목사님, 집에 방이 4개밖에 없어서 불편해 죽겠어요."

가끔 어떤 친구들은 와서 투정합니다. 집이 잘 사는

것을 알아달라는 말입니다. 이럴 때마다 전 생각합니다. 지가 번 것도 아닌데 왜 저럴까. 어리석은 것입니다. 남보다 더 잘 사는 것이 자랑할 일은 아닙니다. 설사 자기가 벌었어도 겸손해야 합니다. 그냥 감사하고 더 베풀면 될 일입니다.

어떤 사람들은 어느 어느 동네 산다고 그렇게 자랑을 합니다. 어떤 사람들은 무슨 무슨 명문대를 나왔다고 자랑을 합니다. 그런 동네에서 못 살고 그런 대학을 못 나온 사람들은 열등감을 느낍니다. 또 시기를 하고 험담을 하기도 합니다. "내가 못 올라가면 너를 끌어내리리라!" 그러나 여러분, 어느 동네 사는 것이, 어느 대학 나온 것이 사람을 올리고 낮춘다면 그 인생은 얼마나 가벼운 것입니까?

너, 얼마니?

제가 중학교 시절에 아이들이 껌벅 죽는 3대 브랜드가 있었습니다. 나이키, 아디다스와 지금은 좀 생소한 프로스펙스였습니다. 저는 학창 시절 통틀어서 프로스펙스 운동화를 딱 한 번 신어본 기억이 있습니다. 아마 선물을 받았던 것으로 기억합니다. 저희 집 형편이 그렇게 어렵지는 않았는데, 부모님은 절약이 몸에 밴 분들이라 이런 비싼 브랜드 운동화를 사 주시지 않았습니다. 운동화를 바꿀 때가 되면 대부분은 어머니가 시장에서 제 의사와 관계없이 그냥 사 오시는 경우가 많았습니다.

어느 날인가 어머니가 새 운동화를 사 오셨습니다. 그 운동화는 아디다스와 프로스펙스를 모두 아우른다는 '아펙스'라는 상표가 달려 있었습니다. 게다가 그 운동화에 놀라운 점은 이름만이 아니었습니다.

당시에 나이키에서 나이키 에어라는 새로운 기능의 운동화를 막 출시했을 무렵이었습니다. 요즈음은 워낙 흔하고 또 더 좋은 기능을 갖춘 운동화들이 많이 나오지만 당시에는 굉장한 충격이었습니다. 그래서 이건 에어가 들었다고 알려 주려고 운동화 뒤꿈치에 공기캡슐이 딱 보이도록 디자인을 했습니다. 이 나이키 에어야말로 궁극의 아이템이었습니다. 아이들이 "나이키~" 하는 순간 반쯤 쓰러지고 "에어~" 하는 순간 전멸하고 그랬습니다.

그런데 어머니가 사 오신 아펙스라는 신발은 이 에어 대신에 뒤꿈치에, 놀라지 마십시오, 에어는 비교도 안 되는 고성능(?) 스프링이 떡하니 달려 있는 것이었습니다. 아, 정말 인생은 가혹한 것입니다. 잘생긴 얼굴이 무슨 소용이겠습니까. 들고 다닐 수가 없는 것을. 학교에

나이스가 뭐라고...

서 애들이 운동화를 쳐다볼 때마다, 운동화에 대해서 물어볼 때마다 얼마나 얼굴이 화끈거렸는지요.

지금 생각해 보면, 얼마나 우스운 일인지 모릅니다. 운동화 브랜드가 뭐 그렇게 중요하다고 내 자존심이 거기에 좌우되었는지 모르겠습니다. 생각해 보세요. 얼마나 내 몸값이 싸면 운동화 하나에 내가 올라가기도 하고 내려가기도 합니까.

예를 들어 내가 10억이 있다고 칩시다. 그러면 거기에서 20만원이 더 있고 없고에 따라 큰 차이가 날까요? 10억이나, 10억 20만원이나 거기서 거깁니다. 10억이란 가치가 워낙 크기 때문에 20만원짜리 운동화는 거기에 아무런 영향을 끼치지 못한다는 말입니다. 그러니까 몸값이 10억만 되어도 운동화 하나 정도엔 꿈쩍도 하지 않을 것입니다.

그런데 나의 가치는 10억 정도가 아닙니다. 세상의 유일한 창조물의 가치입니다. 예수님께서 자기 목숨과 바꾸신 가치입니다. 그런 가치에는 무엇을 걸치느냐, 어디에 사느냐, 뭘 가졌느냐가 그 가치에 조금도 영향을 미치지 못합니다. 명품 하나 걸쳤다고 으쓱하는 인생은 정말 싸구려 인생입니다. 자신이 스스로를 싸구려로 만드는 것입니다.

오해하면 안 됩니다. 누더기만 걸치고 다니라는 말이 아닙니다. 외모나 옷차림을 가꾸는 것은 사회생활을 위해 필요한 일입니다. 타인에 대한 예의이기도 합니다. 지나친 사치가 아닌 정도, 자신의 형편에 맞게 자신을 가꾸고 꾸미십시오. 중요한 것은 얼마나 꾸밀 수 있느냐, 얼마나 가질 수 있느냐에 자기의 자존심이 걸리고 자기의 가치가 좌우되서는 안 된다는 것입니다.

너 있는 곳에서

성경에 보면 아브라함이라는 사람이 나옵니다. 어느 날 하나님께서는 아브라함에게 고향을 떠나 지시하는 땅으로 가라고 명령하십니다. 온 가족이 갈 길도 알지 못한 채 떠나는 대 이주가 시작됩니다. 이때 그의 조카 롯이라는 사람이 아브라함을 따라 나섭니다.

시간이 지나 가나안 땅에 도착하게 되었을 무렵, 아브라함과 롯은 하나님의 은혜로 큰 가축 떼를 거느리게 됩니다. 가축이 너무 늘어나자, 가축들에게 공급할 꼴을 서로 더 많이 확보하기 위해 아브라함과 롯의 목자들이 자주 싸우기 시작했습니다.

어느 날 아브라함은 조카 롯을 부릅니다.

"얘야, 가축이 너무 많아져서 목자들이 서로 다투니 더 이상 우리가 함께 머물기가 힘들겠구나. 이제 서로 헤어져야 할 때가 온 것 같다. 롯, 네가 먼저 가고 싶은 곳을 정하려무나. 네가 왼쪽으로 가면 나는 오른쪽으로 가고, 네가 오른쪽으로 가면 나는 왼쪽으로 가마."

우리 같으면 착해서, "삼촌, 무슨 말씀이세요. 삼촌이 먼저 좋은 땅으로 가셔야지요. 삼촌이 먼저 결정하세요." 했겠지요. 그런데 롯은 냉큼 자기가 갈 땅을 먼저 고릅니다. 그러고는 기가 막힌 땅을 찾아냅니다.

그야말로 최고의 입지 조건을 갖춘 땅이었습니다. 땅이 얼마나 좋게 보였던지 성경을 보면 롯의 눈에 "여호와의 동산 같고 애굽 땅과 같았더라."(창 13:10)라고 기록하고 있습니다. 여호와의 동산 같다는 것은 에덴동산 같다, 천국 같다는 표현입니다. 애굽, 곧 이집트는 나일강을 중심으로 한 4대 문명의 발상지이며, 가장 화려한 고대 문명이 꽃피었던 곳입니다. 이런 땅 같았다는 것은 최고의 땅이라는 의미입니다.

그 땅의 이름은 '소돔'이었습니다. 성경을 조금 아는 친구들은 '어?' 할 것입니다. 왜냐하면 소돔 땅은 얼마 가지 않아 하나님의 심판으로 완전히 불타버리는 땅이기 때문입니다. 그런데 그 땅이 인간적으로 보기에는 최고의 땅이었다는 것입니다. 롯이 소돔으로 간 사건이 나온 바로 뒤에 성경은 이렇게 언급합니다.

> "소돔 사람은 여호와 앞에 악하며 큰 죄인이었더라."
> (창 13:13)

본문을 잘 보세요. 성경은 "소돔은 악한 땅이었더라." 이렇게 기록하지 않습니다. 소돔 사람은 악하며 죄인이었다고 말합니다. 무슨 말입니까? 롯은 그 땅의 입지 조건을 보고 그 땅이 얼마나 멋지고 폼 나는 땅인가를 보았지만, 하나님은 그 땅의 사람들에 관심이 있으셨다는 말입니다. 아무리 좋은 땅도 그 곳에 사는 사람이 악하면 악한 땅이 됩니다. 땅이 사람을 결정하는 것이 아니라 사람이 땅을 결정하는 것입니다. 내가 어느 동네 산다는 것이 나를 높여 주는 것이 아니라 내가 어떤 사람인가 하는 것이 그 땅을 결정하는 것입니다.

좀 바꾸어 말하면, 내가 땅 때문에 복 받는 게 아니라 땅이 나 때문에 복 받습니다. 하나님께서는 아브라함에게 "너는 복이 될지라."(창 12:2)라고 말씀하셨습니다. 아브라함이 복이지, 땅 때문에 아브라함이 복 받는 것이 아닙니다. 그래서 하나님은 롯이 떠난 직후에 아브라함에게 이렇게 말씀하십니다.

> "롯이 아브람을 떠난 후에 여호와께서 아브람에게 이르시되 너는 눈을 들어 너 있는 곳에서 북쪽과 남쪽 그리고 동쪽과 서쪽을 바라보라 보이는 땅을 내가 너와 네 자손에게 주리니 영원히 이르리라"(창 13:14-15)

하나님의 시선을 보세요. 하나님은 아브라함에게 이렇게 말씀하시는 것입니다. "너 있는 곳에서." 그렇습니다. 아브라함이 있는 곳이 바로 하나님의 복이 있는 곳입니다. 물론, 그 땅은 아브라함이 하나님의 뜻에 따라

온 땅이었기에, 하나님의 계획 가운데 있는 땅이었기에 복의 땅입니다. 그럼에도 불구하고 하나님은 아브라함이 그 땅 덕을 볼 거라고 말씀하시지 않고, 아브라함을 중심으로 말씀하십니다. 하나님께 순종하여 서 있는 땅, 순종하는 사람이 있는 땅, 그 땅이 복된 땅입니다.

하나님께서 내게 허락하신 곳이면 거기가 어디든 나로 인해 복 있는 땅이 되는 것입니다. 그래서 여러분 대한민국에서 제일 좋은 땅은 바로 '대방동'이 되는 것입니다. 제가 살기 때문입니다. "왜 목사님 사는 곳만 제일 좋습니까? 제가 사는 곳도 제일 좋습니다!" 하는 친구 있습니까? 맞습니다. '니 땅'도 제일 좋은 땅입니다. 예수 믿는 사람들이 머무는 땅이 제일 좋은 땅입니다.

여러분, 대한민국이 여러분을 높여 줄 것 기대하지 말고 여러분 때문에 대한민국이 높아지게 하십시오. 학교가 여러분을 높여 준다고 생각하지 말고, 여러분 때문에 학교가 높아지는 것임을 믿으십시오. 학교가 여러분 덕에 복을 누리게 하십시오. 명문대 못 들어가면 무슨 낙오자나 되는 것처럼 고개 숙이지 마시고, 여러분이 있어 그 학교가 복이 있는 곳이 되도록 어깨를 펴십시오. 열

심히 공부해서 평판이 좋은 대학을 가는 것도 좋은 일입니다. 그러나 대학에 의해 여러분이 좌우되어서는 안 됩니다. 언제든 중심이 바로 서야 합니다.

그러니 면접 볼 때도 당당하십시오. 면접관이 "이 학교에 왜 오려고 합니까?" 하면, 기가 팍 죽어서 "붙여만 주시면 뭐든 하겠나이다." 하지 마시고 당당하게 "나 참, 그럼, 오지 말까요? 아, 정말 제가 이 학교 안 오면 어떻게 되는지 아세요? 제가 어떤 사람인지 모르시네." 이렇게 당당하게! 말로 하면 떨어집니다. 속으로 그렇게 생각하십시오.

어려운 가정 형편 가운데 있는 친구가 있습니까? 너무 어려운 나머지 이런 집구석에서는 소망이 없다고 좌절하고 있습니까? 소망이 없긴 왜 없습니까. 바로 내가 소망입니다. 여러분이 집안 복 누리지 말고, 집안이 여러분의 복을 누리게 하십시오.

대한민국이, 내 가정이, 내 학교가, 내 직장이 나를 통해 복 받게 하는 것은 어떻게 하는 것입니까? 하나님께서 믿음의 조상에게 약속하신 복은 바로 "예수 그리스도"입니다. 그의 후손으로 말미암아 천하 모든 민족이

면접관
아.. 긴장 돋네.

구원을 얻게 하시겠다는 하나님의 약속입니다. 그러니까 세상이 우리 덕을 보게 하는 방법은 간단합니다. 그리스도인답게 살고, 그리스도를 증거하는 것입니다. 복음의 씨앗이 되는 것입니다. 복음을 받고, 복음을 누리는 것이 복 받는 것입니다. 이것은 세상의 복과는 질적으로 다른 하늘의 복입니다.

나는 세상에서 유일한 창조물의 가치입니다.
예수님께서 자기 목숨과 바꾸신 가치입니다.

Step 02

부족함 속에 승리의 비결이 있다

넘치는 골리앗, 부족한 다윗

성경에 다윗이라는 인물이 나옵니다. 그는 하나님께로부터 이스라엘 왕 중 유일하게 진정한 왕으로 인정받은 사람이었습니다. 많은 사람들이 다윗의 영웅적인 행적에 관심을 갖습니다. 그러나 하나님께서 다윗을 인정하신 이유는 그의 영웅성이 아니었습니다. 하나님께서 다윗을 사랑하시고 인정하신 이유는 다윗이 일평생을 부족한 자의 자리에서 벗어나지 않았기 때문입니다.

다윗은 많은 시편을 기록했는데, 그가 기록한 시편 가

운데 가장 주옥 같은 고백으로 꼽히는 것이 시편 23편 입니다. 시편 23편은 이렇게 시작합니다.

> "여호와는 나의 목자시니 내게 부족함이 없으리로다"
> (시 23:1)

다윗이 여기서 "내게 부족함이 없으리로다."라고 한 말의 의미를 잘 이해해야 합니다. 이 말의 뜻은 "나는 늘 부족한 사람입니다"라는 고백입니다. 왜 그렇습니까? 이 구절의 전반부를 보십시오. 뭐라고 합니까? "여호와는 나의 목자시니"라고 합니다. 그렇습니다. 다윗은 여호와께서 자신의 목자가 되어 주시는 한 자신은 부족함이 없다고 고백합니다. 이 말을 뒤집어 보면, 여호와가 목자되어 주시지 않으면 자기는 부족함에서 벗어날 수 없다는 뜻이 됩니다.

그래서 이 시편에서 다윗은 자신을 목자가 인도하는 '양'에 비유합니다. 양은 동물 중에서도 참으로 무기력한 동물입니다. 양은 스스로 포식자로부터 자신을 지킬 만한 무기가 전무한 동물입니다. 그리 빠르지도 못하고,

몸집이 크지도 못하며, 힘도 강하지 않습니다. 날카로운 이빨이나 발톱 같은 공격 수단은 고사하고 강한 표피나 가시 같은 방어 수단도 전무합니다.

또 양은 습관이 강한 동물입니다. 조금 달리 표현하면 머리가 나쁘다고 할까요? 양은 가던 길로만 가는 습성이 있어서 그냥 놔두면 도랑이 패이도록 같은 길만 가다가 걸려 넘어지기 일쑤입니다. 질병과 기생충으로 들끓을 때까지 땅을 더럽힙니다. 더구나 양은 소에 비해 훨씬 뿌리 쪽에 가깝게 풀을 뜯기 때문에 조금만 방심하면 목초지를 황폐하게 만들어 버리고 굶주리게 됩니다. 그래서 양은 절대적으로 좋은 목자가 필요합니다. 자신을 보호해 주고 늘 쉴 만한 물가와 푸른 초장으로 인도하여 줄 좋은 목자 말입니다.

원래 직업이 목동이었던 다윗은 누구보다도 양의 이런 생리를 잘 알고 있었습니다. 다윗이 자신을 양으로, 하나님을 좋은 목자로 비유하고 있다는 것은 바로 이런 뜻입니다. 자신은 하나님 없이는 한시도 살아갈 수 없는 부족한 자라는 뜻 말입니다.

다윗은 하나님 앞에서 늘 부족한 자였습니다. 하나님

없이는 도저히 안 되는 자였습니다. 그래서 하나님은 다윗을 홀로 내버려 두시지 않았습니다. 늘 인도하시고 품어 주셨습니다. 다윗이라는 인물의 이러한 특성이 다윗을 역사의 전면에 등장시켰던, 저 유명한 '다윗과 골리앗' 사건에 잘 드러나 있습니다.

때에 이스라엘과 블레셋 사이에 전쟁이 일어났습니다. 다윗의 형들 중 3명이 이 전쟁에 출정하게 됩니다. 그리고 어느 날, 평소와 같이 양을 치고 있던 다윗을 아버지가 부릅니다.

"다윗아, 네 형들의 안부가 궁금하구나. 가서 이 식량을 형들에게 전해 주고, 형들이 잘 있다는 증표를 가지고 돌아오너라."

다윗은 아버지가 주신 식량을 가지고 전쟁터로 향합니다. 그리고 도착한 그곳에서 뜻밖의 장면을 목격합니다. 어마어마한 덩치를 가진 골리앗이라는 장수가 하나님과 이스라엘 군대를 모욕하고 있는 것입니다.

전쟁터에서 상대와 상대의 신을 모욕하는 일은 별로 이상한 일은 아닙니다. 진짜 이상한 일은 하나님을 모욕하는데도 아무도 그와 싸우려고 나서지 않는 것이었습니다. 다들 벌벌 떨고 있습니다. 다윗의 마음이 끓어오릅니다.

"저 놈은 대체 뭔데, 살아 계신 하나님의 군대를 모욕합니까!"

골리앗과 싸울 의지를 다지는 다윗을 사람들이 사울 왕 앞에 데리고 갑니다. 사울 왕은 다윗의 확고한 의지를 확인하고는 다윗의 출정을 허락합니다. 그러고는 자기 군복을 줍니다. 투구와 갑옷을 입히고 칼을 채워 줍니다. 완전 무장한 거인 장수 골리앗을 상대하려면 이 정도는 갖추어 주어야 할 것이 자명해 보입니다. 골리앗 비슷하게 흉내는 내 주어야 어떻게 한 번 붙어 볼 것이 아닙니까. 그런데 다윗은 몇 걸음 걸어 보다가 그 모든 장비들을 다 벗어 버립니다.

"다윗이 칼을 군복 위에 차고는 익숙하지 못하므로 시험적으로 걸어 보다가 사울에게 말하되 익숙하지 못하니 이것을 입고 가지 못하겠나이다 하고 곧 벗고 손에 막대기를 가지고 시내에서 매끄러운 돌 다섯을 골라서 자기 목자의 제구 곧 주머니에 넣고 손

에 물매를 가지고 블레셋 사람에게로 나아가니라"(삼상 17:39-40)

기가 막힐 일입니다. 강력한 거인 장수 골리앗을 상대하는데, 투구며 갑옷이며 칼까지 다 팽개쳐 버리고 평소에 들고 다니던 물매와 짱돌 5개를 들고 나가는 겁니다.

골리앗은 전쟁터에서 부족한 것이 없는 전사였습니다. 그 위용만으로도 모든 이스라엘 사람들을 주눅 들게 할 만큼 엄청난 체구와 힘을 가진 자였습니다. 성경에 따르면 골리앗의 키는 약 2m 90cm에 이릅니다. 그가 두른 갑옷의 무게가 약 57kg, 창날의 무게만도 6.8kg쯤 되었습니다. 거기다가 그는 어려서부터 전쟁터에서 잔뼈가 굵은 타고난 전사였습니다. 거인 전사 골리앗은 호기롭게 외칩니다.

"그가 나와 싸워서 나를 죽이면 우리가 너희의 종이 되겠고 만일 내가 이겨 그를 죽이면 너희가 우리의 종이 되어 우리를 섬길 것이니라"(삼상 17:9)

나, 다윗
너들이
우리 하나님을 알아~

그는 부족함이 없는 자였습니다. 그래서 하나님도 필요 없는 자였습니다. 자신의 힘만으로도 전쟁을 능히 움직일 수 있다고 여기며, 실제로 그런 능력이 있어 보이는 자였습니다. 그러한 자 앞에 한없이 부족해 보이는 소년이, 아무런 장비도 갖추지 않은 채 돌맹이를 들고 부족하디 부족한 모습으로 선 것입니다. 골리앗 앞에 선 다윗은 자신이 골리앗 흉내를 내지 않고, 목동 다윗의 모습 그대로 설 수 있는 이유를 이렇게 말합니다.

"다윗이 블레셋 사람에게 이르되 너는 칼과 창과 단창으로 내게 나아 오거니와 나는 만군의 여호와의 이름 곧 네가 모욕하는 이스라엘 군대의 하나님의 이름으로 네게 나아가노라 오늘 여호와께서

너를 내 손에 넘기시리니 내가 너를 쳐서 네 목을 베고 블레셋 군대의 시체를 오늘 공중의 새와 땅의 들짐승에게 주어 온 땅으로 이스라엘에 하나님이 계신 줄 알게 하겠고 또 여호와의 구원하심이 칼과 창에 있지 아니함을 이 무리에게 알게 하리라 전쟁은 여호와께 속한 것인즉 그가 너희를 우리 손에 넘기시리라"(삼상 17:45-47)

칼과 창 대신 부족한 자신의 모습 그대로, 하나님의 이름을 의지하고 나아간 다윗은 우리가 잘 아는 대로 단 한 번의 물매질로 일격에 거인 골리앗을 쓰러뜨립니다. 이 사건 이후로 다윗은 일약 민족의 스타가 됩니다. 그리고 나중에는 왕이 됩니다. 그냥 왕도 아니고, 이스라엘 역사상 가장 위대한 왕이 됩니다.

그러나 정말 중요한 것은 그 다음입니다. 다윗은 영웅이 되었고 왕이 되었지만, 그 일생을 통틀어 단 한 번도 자신을 영웅의 자리, 왕의 자리에 앉히지 않습니다. 그의 신분은 왕이었을지 몰라도 그의 마음은 여전히 하나님 앞에 선 어리고 연약한 목동이었습니다. 다윗은 충분히 골리앗 흉내를 낼 수도 있었습니다. 아니, 골리앗보다 더 화려한 갑옷을 입고, 더 호기롭게 큰 소리를 칠 수 있었겠지요.

"내가 왕이다! 내가 제일 잘나가!"

그러나 다윗은 그렇게 하지 않습니다. 늘 부족한 자로 남습니다. 하나님 없이 살 수 없는 자로 남습니다.

다윗이 왕이 되고 왕국이 최전성기를 누리게 된 어느 날, 다윗은 엄청난 범죄를 저지르게 됩니다. 자신의 충신 우리아를 죽이고, 그의 아내 밧세바를 빼앗은 바로 그 사건입니다.(사무엘하 11장)

이 사건을 알게 된 선지자 나단이라는 사람이 다윗을 찾아갑니다. 그리고 한 가지 이야기를 빗대어 다윗을 강하게 질책합니다.

"이 죽일 놈이 바로 당신입니다. 왕이시여!"

정면으로 자기의 잘못을 지적하는 신하를 두고, 성질 나지 않을 왕이 어디 있겠습니까? 우리는 왕이 아닌데도, 대놓고 뭐라고 하면 열 받지 않습니까? '설사 죽을죄를 지었다고 그래도 그딴 식으로 말할 수 있어?' 하고 째

려보지요. 그러니 잘 나가던 왕 다윗은 어땠겠습니까?

"뭐라고 나보고 죽일 놈이라고!? 네가 죽을 놈이다! 여봐라, 이놈을 당장!"

이렇게 그 자리에서 목을 베어 버려도 아무도 다윗에게 항거할 사람이 없었을 것입니다. 다윗은 최고 정점에 서 있는 왕이었습니다. 이 정도는 정치적인 역량으로 묻어 버릴 수 있는 일이었습니다. 그런데 다윗은 나단의 이 말을 듣고 그냥 바로 엎드립니다.

"내가 죄인입니다!"

다윗은 얼마든지 골리앗 흉내를 낼 수 있었습니다. 자기 능력으로 덮어 버릴 수 있었습니다. 그러나 다윗은 골리앗이 되지 않습니다. 하나님 앞에 부족한 소년 목동으로 섭니다. 분명 다윗의 죄는 무거운 것이었습니다. 다윗은 그 대가를 톡톡히 치르게 됩니다. 그럼에도 불구하고 하나님이 다윗을 그 마음에 합한 자로 여기신 것은 바로 이 부족한 자의 자세 때문이었습니다.

다윗의 말년에 또 다른 사건이 일어납니다. 이번에는 다윗의 잘못이 아니라 다윗의 셋째 아들 압살롬이 정권을 차지하겠다고 아버지 다윗에게 반란을 일으킵니다. (사무엘하 15장) 다윗은 일단 몸을 피할 수밖에 없었습니다. 그리고 비통함에 빠집니다. 감람산으로 올라갈 때, 다윗은 두 손으로 얼굴을 가리고, 맨발로 울면서 올라갑니다. 다윗이 바후림이라는 곳에 도착하였을 때, 시므이라는 사람이 다윗에게 다가옵니다. 그러고는 다윗 일행에게 돌을 던지면서 저주를 퍼붓기 시작합니다.

"꺼져라! 살인자야! 꺼져라!"

비록 쫓겨 가는 왕이었으나 그는 여전히 왕이었고 그를 따르는 수많은 충신들과 백성들이 있었습니다. 시므이 정도는 그 자리에서 단칼에 죽일 수도 있었을 것입니다. 우리 같으면 어땠을까요? "야, 이놈아. 네가 죽고 싶어 환장을 했구나. 울고 싶은데 뺨 때려 주는구나. 어디 한번 죽어 봐라!" 이러지 않았을까요? 그런데 다윗은 아무런 말도 하지 않고 묵묵하게 욕을 먹습니다. 다윗이 하도 그냥 욕을 먹고 있으니까 참다 못해 신하 아비새가 나섭니다.

"왕이시여, 이 죽은 개만도 못한 놈이 왕에게 욕을 하는데, 어찌 가만히 계십니까? 제가 당장 건너가서 목을

쳐 버리겠습니다."

이 말을 들은 다윗이 이렇게 대답합니다.

"내가 욕을 먹는 것은 그대들과 상관이 없소. 하나님께서 욕을 먹게 하신다면 욕을 들어야지요. 내 아들도 나를 배신하는 판국에 다른 사람이야 말해 무얼 하겠소. 혹시라도 하나님께서 이 비참한 모습을 보시고 저주 대신 복을 주실 줄 어찌 알겠소."

무슨 말입니까? 사람한테 욕을 먹느냐 안 먹느냐가 중요한 것이 아니라는 말입니다. 하나님이 나를 불쌍히 여겨 주셔야 산다는 고백입니다. 오히려 욕을 계속 먹으면 하나님께서 보다 못해 도와주실 수도 있지 않겠는가? 이게 다윗의 생각입니다.

다윗은 얼마든지 골리앗 흉내를 낼 수 있었습니다. 자신의 힘으로 시므이를 처단해서 입을 막을 수 있었지요. 그러나 다윗은 골리앗 흉내를 내지 않았습니다. 오히려 부족하디 부족한 자리에서 하나님께서 불쌍히 여겨 주실 것을 구합니다. 골리앗을 쓰러뜨린 이후 수십 년이 지났지만, 그는 지금도 여전히 골리앗 앞에 선 부족하고 연약한 목동 다윗으로 살고 있는 것입니다. 하나님만 의지하는 소년으로 말입니다.

인생에서 진정한 승자가 되는 비결은 무엇입니까? 늘 하나님 앞에서 부족한 자로 서 있는 것입니다. 우리가 늘 부족한 자인 것을 중심으로 고백하는 것입니다. 세상은 끊임없이 우리더러 골리앗이 되라고 부추깁니다. 강력한 힘과 능력을 가지고 세상을 호령하라고 부추깁니다. 내 힘과 능력을 의지해서 살아가라고 말입니다. 그러나 하나님의 사람은 골리앗 흉내를 내지 않습니다.

부족하지 않은 자는 하나님이 도우실 필요가 없습니다. 그러나 너무도 부족한 자는, 하나님의 도우심 없이는 살 수 없는 자는 하나님께서 안 도우실 수가 없습니다. 안 도우면 죽기 때문입니다.

오늘 하나님이 찾으시는 사람은 바로 이런 사람입니다. 어떤 자리에서 무엇을 하든지 자신이 지극히 부족하고 부족해서 하나님 없이는 도무지 살아갈 수 없는 바로 그런 사람입니다. 골리앗 같은 세상 앞에 하나님의 이름을 위해 돌멩이 하나 들고 설 수 있는 부족한 소년 다윗이 오늘날에도 필요합니다.

내게 있는 것으로

소년 다윗의 또 다른 승리 요건은 받은 것을 소중히 여겼던 태도입니다. 하나님께서 다윗에게 주신 무기는 화려한 투구와 갑옷, 칼, 창에 비하면 초라한 것이었습니다. 물맷돌과 돌멩이 5개가 전부였습니다. 그러나 다윗은 이 무기를 하나님께서 주신 것이라고 생각했음이 분명합니다. 다윗에게 있던 물맷돌은 그가 양을 칠 때 맹수 퇴치용으로 사용하던 무기였습니다. 다윗은 사울 왕에게 이렇게 말합니다.

"또 다윗이 이르되 여호와께서 나를 사자의 발톱과 곰의 발톱에서 건져내셨은즉"(삼상 17:37)

무슨 말입니까? 그가 물맷돌을 가지고 맹수와 싸울 때 그를 건져 내신 분이 하나님이시라는 말입니다. 그것은 다윗이 물맷돌을 통해 일하시는 하나님을 경험했다는 의미입니다. 다윗에게 있어 물맷돌은 하나님께서 주신 소중한 도구였던 것입니다.

이 부분이 매우 중요합니다. 다윗은 용기 있는 믿음의 사람이었으나, 맨손으로 나가지는 않았습니다. 그에게 익숙한 무기를 들고 나갔습니다. 왜 그랬을까요? 기왕 용기 있게 하나님 의지하고 나갈 것이면, 물매 같은 것도 들고 나가지 말고 그냥 맨손으로 나가는 것이 더 멋지지 않았겠습니까?

"절체절명의 위기에 몰린 다윗이 하나님을 부르며 회심의 주먹을 날린다. 갑자기 다윗의 주먹에는 알 수 없는 빛이 휘감긴다. 순간 놀라는 골리앗. 번쩍! 다윗의 주먹이 골리앗의 가슴에 적중한 순간, 갑옷을 산산 조각내고 급소를 강타한다. 골리앗은 도무지 믿을 수 없다는 표정으로 피를 흘리며 읊조린다. 이, 이럴 수가… 내가 당하다니… 그렇게 거인 골리앗은 서서히 쓰러졌다.”

뭐 이렇게 되면 훨씬 폼이 나지 않겠는가 말입니다. 그런데 다윗은 물맷돌을 들고 나갑니다. 하나님께서 주신 것을 소중하게 여기고 자신에게 주신 것으로 최선을 다해 충성하려는 태도, 바로 이 지점이 용기와 무모함을, 믿음과 무책임함을 가르는 지점입니다. 용기는 무모함과는 다릅니다. 믿음이 있는 것과 무책임한 것은 다른 것입니다. 우리는 가끔 아무리 말이 안 되는 일도 ‘믿음’이라는 말만 가져다 붙이면 다 되는 줄 압니다.

예전에 이런 일이 있었습니다. 함께 부서를 섬기는 선생님들과 다과를 나누고 있는 중이었는데, 한 선생님이 떡을 드시다가 그러시는 겁니다.

> “어, 떡 맛이 좀 이상한데요? 좀 쉰 것 같아요. 안 먹는 게 좋겠습니다.”

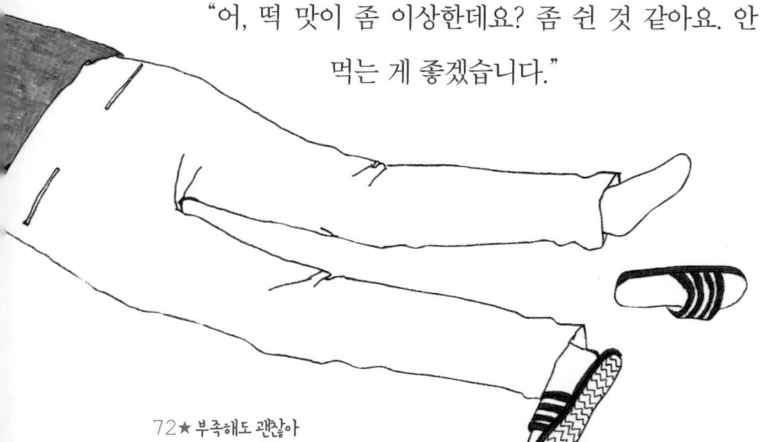

아직 날아가지도 않았거든?

그러자 갑자기 다른 한 선생님이 자기 배를 잡고 기도를 하십니다.

"하나님, 탈이 안날 줄로 믿습니다! 이제 기도했으니까 괜찮아요. 믿음으로 먹읍시다."

그러고는 떡을 계속 드시는 겁니다.

이런 순간에는 믿음이 좋은 분들도 가끔 헷갈립니다. 떡을 먹는 게 믿음이 좋은 것 같기도 하고, 근데 뭔가 이상하기도 하고 그렇습니다. 헷갈릴 것 없습니다. 이런 게 믿음이라면, 아예 떡을 먹지 않고 이렇게 기도해 버리지요.

"하나님, 전 떡을 집지도 않고, 입에 넣지도 않고, 씹지도 않고, 소화시키지도 않겠지만, 먹은 줄로 알고 기도하오니, 배부르게 하시고 필요한 영양분을 다 공급해 주실 줄로 믿습니다."

기왕 믿을 바에는 이게 더 폼 나지 않겠습니까? 그러고는 믿음으로 아무것도 먹지 않고, 아무 것도 마시지 않으면, 제가 장담컨대 일주일 안에 주님의 얼굴을 뵐 수 있습니다.

이런 것은 믿음이라고 하지 않습니다. 믿음은 우리가

하나님의 뜻 안에 거하는 것인데 하나님의 뜻은 우리가 하나님께서 주신 능력으로, 하나님께서 주신 일에 대해 책임을 다하는 것을 포함하고 있습니다.

하나님께서 우리에게 상한 음식을 구별하라고 후각을 주셨고, 미각을 주셨습니다. 그리고 상한 음식 먹으면 탈이 난다는 것을 알 수 있도록 지성을 주셨고, 의학 지식을 주셨습니다. 하나님이 주신 이 귀한 것들을 감사함으로 잘 사용하는 것도 믿음의 중요한 부분입니다. 깡그리 무시하고, "주여, 믿습니다!" 하는 것은 무모함이지 믿음이 아닙니다.

몇 년 전 TV에 희귀병에 걸린 한 아이가 출연했습니다. 아이의 부모는 백방으로 수소문해서 좋다는 치료를 이것저것 해 보았습니다. 그럼에도 현대 의학으로는 현재의 상태가 악화되지 않도록 어느 정도 유지하고 지연해 줄 뿐 완치가 불가능하다고 합니다.

그런데 어느 날 이 아이의 부모가 모든 치료를 거부하기 시작했습니다. 알고 보니, 어느 기도원 원장인지, 목사인지 하는 사람이 인간적인 치료를 끊고 오직 하나님만 의지하고 기도해야 나을 수 있다고 강권했다고 합니다.

부모는 병원에서 치료를 하는 것이 믿음이 없는 것처럼 느껴져 병원 치료를 끊고 오직 하나님께 기도로만 매달리기로 했다는 것이었습니다. 의료진이 더 이상 치료를 미루면 아이의 생명을 장담할 수 없다고 하는데도, 아이의 부모는 완고했습니다.

이런 것은 결코 건강한 신앙이 아닙니다. 분별이 없으면 비신앙적인 것이 오히려 신앙의 열정으로 왜곡될 수 있다는 사실을 기억해야 합니다.

반면에 차를 타고 지나다가 어느 병원 건물 외벽에 이런 문구가 크게 쓰여 있는 것을 본 적이 있습니다.

"우리는 일하고, 하나님께서는 치료하신다!"

네, 그렇습니다. 이 고백이야말로 바른 신앙의 고백입니다. 사실, 인간은 어떠한 병이건 치료할 능력이 없습니다. 두통약을 먹어서 두통이 낫는 것은 인간이 낫게 한 것이 아닙니다. 그 두통약의 약효가 투통에 효과를 발휘하도록 화학적, 생물학적 원리를 운행하시는 하나님에 의해 이루어지는 것입니다. 만일 하나님이 그 화학적 작용을 멈추어 버리시면 결코 나을 수가 없을 것입니다. 그러므로 낫게 하시는 이는 하나님이십니다.

그렇다면 우리는 두 손 놓고 있어야 합니까? 하나님이 모든 것을 다 하실 수 있는 분이시기에 우리가 할 일은 없습니까? 아닙니다. 하나님은 우리가 일하도록 명령하십니다. 낫는 것은 하나님의 권한이요, 일하는 것은 우리에게 주어진 책임입니다. 순종해야 할 명령입니다. 그래서 바울은 이렇게 말합니다.

> "나는 심었고 아볼로는 물을 주었으되 오직 하나님께서 자라나게 하셨나니 그런즉 심는 이나 물 주는 이는 아무 것도 아니로되 오직 자라게 하시는 이는 하나님뿐이니라"(고전 3:6-7)

식물이 자라나지 않으면 물 주고 심는 것은 아무것도 아닙니다. 그런데 자라는 것은 우리 권한이 아닙니다. 우리는 식물이 물을 흡수하고, 광합성을 하고, 그 세포가 증식하는 데 관여할 수 있는 능력이 없습니다. 하나님께서 이루시는 과정입니다.

그러나 실은 따지고 보면 물을 주고 심는 일에 대해서

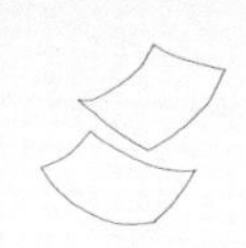

도 하나님은 인간의 손을 전혀 필요로 하지 않으십니다. 인간이 심지 않아도 하나님은 바람을 통하여, 동물들을 통하여 그 씨를 나르시고 하늘의 구름을 통하여 물을 공급하십니다.

그럼에도 불구하고 하나님께서 인간에게 물 주고 심는 것을 명령하신 이유는 하나님의 일손이 부족해서가 아닙니다. 그 주신 일에 충성하고 순종하는 중심을 받기 원하시기 때문입니다. 그러니 우리는 하나님께서 맡겨 주신 모든 것에 책임을 다해야 합니다. 이미 주신 것을 잘 관리하고 활용하는 것이 충성이고 순종입니다. 비록 그것이 아무리 연약하고 작은 것이라 할지라도 말이지요.

그러니 병원 가서 치료를 받는 것이 불신앙이 아니고 병원에서 치료를 안 받는 것이 불신앙입니다. 우리는 하나님께서 주신 병원이라는, 최선의 도구로서 우리가 할 수 있는 일을 다 해야 합니다. 그리고 동시에 치료하시는 하나님께 간절히 기도해야 합니다.

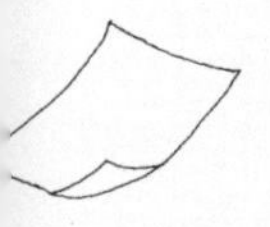

사랑하는 청소년 여러분, 공부 하나도 안 하고, "주여 찍어 맞추는 것마다 정답이 되게 하옵소서." 하는 것은 믿음이 아닙니다. 물론, 하나님께서는 가끔 공부 안 한

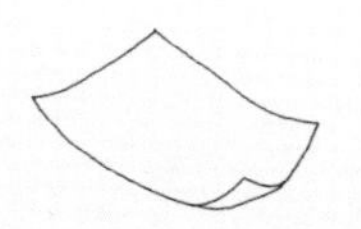

'찍는 것마다
정답이 되게 해주세염'

학생의 절박한 기도를 들어줄 때가 있습니다.

"하나님, 제가 공부를 했어야 했는데 못했습니다. 하나님, 저 이번에 성적 떨어지면 엄마한테 죽어요. 한 번만 살려 주세요. 담에는 진짜 열심히 할게요." 이러면 아주 가끔은 하나님께서 마음 약해지셔서 들어 주십니다. 하나님은 공식이나 기계가 아니시고, 우리를 사랑하시는 아버지이시기 때문입니다.

이런 응답을 받으면 "이번엔 한 번 넘어가 줄 테니까. 담부터는 그러지 마라."는 음성으로 들어야 합니다. '어라, 들어주시네? 이렇게 해도 통하는구나.' 하고 실실 웃으면 안 된다는 말입니다. 계속 이런 식의 태도를 견지하면 하나님은 응답하지 않으실 뿐 아니라 회초리를 드시는 수가 있습니다. 바람직한 믿음의 태도가 결코 아니기 때문입니다.

여러분의 아이큐가 친구에 비해 상대적으로 초라해도, 하나님께서 주신 것의 소중함을 알고 최선을 다해 사용하는 것이 바른 믿음의 태도입니다. 여러분에게 주신 지성이라는 도구를 무시하는 것은 그것을 주신 하나님을 무시하는 것입니다.

다윗의 경우를 찬찬히 다시 한 번 살펴보겠습니다. 만일 이스라엘이 정상적으로 전투를 치르고 있는 상황에서 다윗이 느닷없이 끼어들어 골리앗과 싸우겠다고 나선다면, 그것은 아마도 무모함이라 해도 틀리지 않을 것입니다. 왜냐하면 지금 다윗에게 주어진 책임은 형들의 안부를 묻고 식량을 전해 주는 것이지 골리앗과 싸우는 것이 아니기 때문입니다.

그러나 골리앗이 하나님과 하나님의 군대를 모욕하는데도 아무도 나서지 않습니다. 왕도 책임지지 않고, 장군들도 책임지지 않고, 병사들도 책임지지 않습니다. 그래서 다윗의 책임으로 돌아옵니다. 그래서 다윗의 행동은 무책임함이나 무모함이 아니라 책임을 다하려는 용기이고 믿음입니다.

자, 그럼 이제 싸움을 피할 수 없습니다. 어떻게 싸울 것인가? 여기서 우리는 한번 물어야 하는 것이지요. 하나님께서 내게 싸울 수 있도록 주신 것은 무엇인가? 만일 맨주먹밖에 없다면 맨주먹으로 나아가는 게 맞습니다. 그러나 다윗에게는 목동 시절 맹수를 쫓을 때 쓰던 익숙한 물맷돌이 있습니다. 이것은 전쟁터에서 쓸 수 있는 무기이기도 했습니다.

다윗에게 갑옷이나 칼은 익숙하지 않습니다. 하나님께서 다윗의 손에 늘 쥐어 주셨던 것은 물맷돌입니다. 비록 상대적으로는 초라할지 몰라도 물맷돌은 다윗이 들고 나갈 수 있는 최선의 무기입니다. 그래서 다윗은 물맷돌을 들고 나갑니다. 다윗은 하나님께 이미 받은 것을 헤아려 보지도, 사용하지도 않으면서 무조건 하나님께 다 떠넘기고 달리지 않습니다. 그래서 다윗의 행동은 무책임함이나 무모함이 아니라 믿음이고 용기입니다.

내게 주신 것의 소중함을 알고, 내게 주신 것으로 최선을 다해 나의 책임을 다하려는 태도. 이것이 순종이요 바른 신앙입니다. 기억하십시오.

"내게 주신 것이 크든지 작든지 내게 주신 것이 칼이든지 물맷돌이든지 내게 주신 것으로 책임을 다해 싸우라!" 이것이 바로 승리의 비결입니다.

익숙한 무기를 들라

내게 주신 것의 소중함을 안다는 의미는 다른 사람이 가지고 있는 것에 현혹되지 말라는 것을 의미하기도 합니다. 우리에게 주신 것, 우리에게 익숙한 것을 사용해서 승부하려고 하지 않고 내게 어울리지도 않는 다른 사람의 투구와 갑옷에만 눈이 팔린다면 우리는 결코 승리할 수가 없습니다. 다윗이 갑옷과 칼을 벗은 이유는 하나입니다. 익숙하지 않았기 때문입니다.

"다윗이 칼을 군복 위에 차고는 익숙하지 못하므로 시험적으로 걸어 보다가 사울에게 말하되 익숙하지 못하니 이것을 입고 가지 못하겠나이다 하고 곧 벗고"(삼상 17:39)

그리고 다윗은 하나님이 주신 것, 그에게 익숙한 것인 물매와 돌멩이를 들고 나아갑니다.

기억해야 합니다. 하나님께서 돌멩이를 주신 이유는 돌멩이로 이길 수 있는 싸움이기 때문입니다. 하나님께서는 언제나 우리 각 사람의 인생에 그 인생을 살아가기에 적합한 힘과 능력을 주십니다. 남의 흉내만 내서는 결코 승리하는 인생을 살 수가 없습니다. 내게 주신 능력, 내게 익숙한 것을 들고 나가야 합니다.

하나님께서는 각 사람에게 그 사람의 사명에 적합한 재능을 주십니다. 이 재능이라는 것은 단순히 남들보다 탁월하게 잘하는 것, 나만 도드라지게 멋지고 화려한 것을 의미하지 않습니다. 남보다 우월하다는 데 의미가 있는 것이 아니라 내게 주신 것이라는 데 의미가 있습니다.

다윗이 세상에서, 아니면 적어도 이스라엘 안에서 물

매질을 가장 잘하는 사람이라든지, 혹은 다윗의 돌이 최고 품질의 돌이었기 때문에 사명을 감당할 수 있었던 것은 아닙니다.

어떻게 보면 그의 물매질은 당시에 목동이라면 평범하게 할 수 있는 수준의 일이었을 것이고, 그 돌은 그냥 여기저기 굴러다니는 그저 그런 돌멩이였습니다. 많은 경우에 내게 있는 재능이란, 반짝이는 보석처럼 보이기보다는 흔하게 굴러다니는 돌멩이처럼 보일 수 있습니다. 재능은 우리가 관심을 기울이지 않고 쉽게 지나치는 환경, 성품, 성향, 장점, 심지어 단점에 이르는 곳곳에 숨어 있습니다.

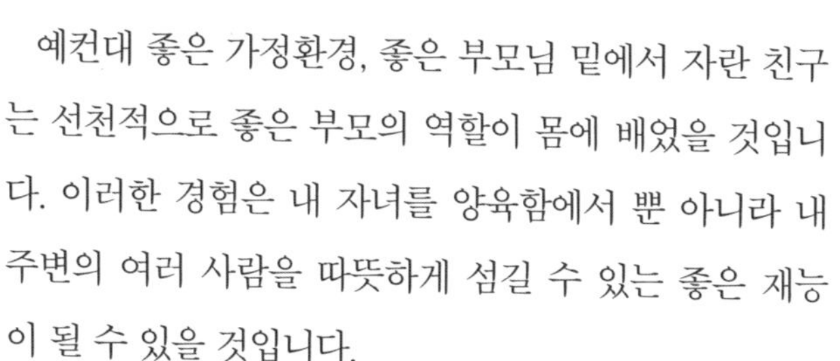

예컨대 좋은 가정환경, 좋은 부모님 밑에서 자란 친구는 선천적으로 좋은 부모의 역할이 몸에 배었을 것입니다. 이러한 경험은 내 자녀를 양육함에서 뿐 아니라 내 주변의 여러 사람을 따뜻하게 섬길 수 있는 좋은 재능이 될 수 있을 것입니다.

그렇다면 어려운 환경 가운데 자란 친구들은 어떨까요? 아픔이 있다는 것은 같은 아픔이 있는 사람을 보듬을 수 있는 재능이 됩니다. 또한 아픔을 이겨낸 사람들은 많은 사람들에게 용기를 줍니다.

저는 청소년들에게 선한 영향력을 끼치고 있는 여러 강사 분들을 만날 기회가 많이 있었습니다. 놀라운 것은 그 분들 중에는 부모님의 이혼이나 가정 폭력과 같은 어려운 가정 상황에서 자란 분들이 많았습니다. 자신들의 아픔이 그만큼 컸기 때문에 청소년들의 아픔을 그만큼 잘 보듬을 수 있었던 것입니다.

그런 분들이 생각보다 많아서 언젠가는 청소년 사역을 잘하려면 깨진 가정이 있어야 하나 하는 생각을 해본 적도 있습니다. 걱정은 마세요. 저처럼 평범한 가정에서 자라고도 사역을 잘하는(?) 사역자도 있으니까요. 어쨌든 그분들이 그만큼 많은 청소년들에게 용기를 주고 분명한 간증으로 그리스도를 증거할 수 있는 것은 그 만큼의 아픔이 있었기 때문입니다. 그분들에게 아픔은 재능입니다.

길을 지나가는데 걸인이 한 명 있습니다. 10명의 친구들이 지나가는데, 9명은 그냥 아무렇지도 않게 지나갑니다. 1명은 그 자리에 잠시 멈춰섭니다. 주머니를 뒤져보는데, 동전 한 푼 없습니다. 어쩔 수 없이 그냥 지나갑니다. 이런 일은 정말 아무것도 아닌 것처럼 보입니다.

그런데 말입니다. 그 멈춰 섰던 1명은 분명 다른 것을 볼 줄 아는 사람입니다. 그리고 9명과는 다른 마음을 가지고 있는 친구입니다. 그 마음은 어떤 식으로든 사용될 수 있는 돌멩이임에 분명합니다. 다른 사람들을 어떤 방향으로든 섬기고 도움을 주는 데에 사용될 재능 말입니다.

탁월한 환경운동가도 처음부터 환경운동을 한 것은 아닙니다. 그저 꽃 한 송이, 나무 한 그루 사랑하는 마음에서 시작됩니다. 탁월한 운동가가 아니어도 좋습니다. 다른 자연에 관심이 가는 마음은 크든지 작든지 사람들이 자연을 더욱 아끼고 사랑할 수 있도록 섬길 수 있는 재능임에 분명합니다. 이런 작은 다름과 재능들이 모여서, 아름다운 공동체와 사회가 만들어지는 것입니다.

저는 한때 음악에 심취했던 적이 있었습니다. 대학에 입학했을 무렵이었던 것으로 기억합니다. 평생 음악을 했으면 좋겠다는 생각도 잠깐 해 보았습니다. 그러자 어릴 때 악기를 배워 두지 않은 것이 너무 후회가 되었습니다. 재능이라도 탁월했다면 그때라도 일취월장했겠으나, 생각만큼 큰 재능도 없었던 것 같습니다. 제 주변에는 뛰어난 음악적 재능을 가진 친구가 있었는데, 얼마나 부러웠는지 모릅니다. 부러움을 넘어 열등감을 느낀 적도 있었습니다.

지금 돌이켜 보니 하나님께서 제게 쥐어 주신 돌멩이는 음악이 아니었습니다. 제게 있어 음악이란 감상의 즐거움을 누리고 간단한 악기 연주로 기분을 전환할 수 있는 정도로 주신 도구였습니다. 그 역할도 얼마나 귀한지요.

하나님께서는 지금 저를 주로 글 쓰는 일과, 설교, 강의하는 일로 사용하십니다. 생각해 보면, 실은 이 일이 그나마 제가 할 수 있는 일이었습니다. 탁월하다고는 말할 수 없지만, 저는 학창시절 글짓기에서 여러 차례 상을 탄 적도 있었고, 독서도 또래들에 비해 적지 않게 하는 편이었지요. 무엇보다 글 쓰는 일이 음악보다는 적성에 맞습니다. 설교나 강의도 마찬가지입니다. 말을 하고 표현하는 일은 분명 제가 가진 강점이었습니다.

그런데 그 때는 글 쓰는 일, 설교, 강의 같은 일은 그렇게 멋져 보이는 일이 아니었습니다. 음악을 잘하는 친구들이 정말 멋져 보였습니다. 멋지게 연주를 하고 노래를 하는 친구는 환호를 받았지만, 글 쓴다고 알아 주는 친구는 없었기 때문입니다.

제 시선이 화려해 보이는 곳을 향하고 있었기 때문에 정작 제가 가지고 있는 것을 못 보았던 것입니다. 제가 처음 책을 썼던 것이 32세 때였습니다. 글쎄요, 잘은 몰라도 제가 가지고 있는 것의 가치를 좀 더 일찍 알았더라면 20대에 책을 썼을지도 모를 일입니다.

제가 무슨 대문호가 될 만큼 탁월한 문학적 재능을 지녔다거나, 당대 최고의 설교자가 될 만큼의 재능을 지닌 것은 전혀 아닙니다. 그런 비교를 하고 있다면, 또 낙망이 되겠지요. 그러나 그저 돌멩이여도 족합니다. 글 쓰는 재능과 설교하는 재능이 제게 쥐어 주신 돌멩이인 것은 분명해 보입니다. 저는 그것으로 섬기고, 그것으로 살아갑니다. 이 일에 충성하면 그것으로 족합니다.

남의 화려한 재능에 시선 빼앗기지 말고, 자기가 가지고 있는 것에 관심을 두시기 바랍니다. 그것이 상대적으로 초라하고 작아 보여도 그것이 분명 하나님께서 내게 주신 것이라면, 하나님은 그것을 통해 일하시고, 그것으로 영광 받으실 것입니다.

돌멩이도 날 수 있다

저와 청소년 교재를 같이 쓴 한 절친한 목사님 한 분이 있습니다. 그 분이 청소년 사역자들이 함께 모인 자리에서 경건회를 인도하면서 다윗과 골리앗 본문을 설교하셨습니다. 그 분이 하신 설교의 핵심은 이것이었습니다.

"다윗이 자기 손에 익숙한 돌멩이를 들고 나아갔듯 하나님은 자기 손에 익숙한 다윗을 들고 나가셨습니다."

이 말씀을 듣고는 무릎을 탁! 하고 쳤습니다. 다윗과

골리앗 사건의 핵심을 이처럼 콕 집어 정리한 말이 또 있을까요.

여러분 우리는 하나님의 손에 익숙한 사람이 되어야 합니다. 그러면 비록 돌멩이라 할지라도 자기를 뛰어넘는 사명을 다할 수 있습니다. 골리앗을 쓰러뜨릴 수 있습니다.

그렇다면 우리는 어떻게 하나님의 손에 익숙한 사람이 될 수 있을까요?

첫째, 무엇보다 하나님을 자주 만나야 합니다. 하나님을 자주 만나려면 당연히 열심히 기도해야 하고, 열심히 하나님의 말씀에 귀를 기울여야 하겠지요. 그와 더불어 내가 언제나 하나님과 함께 서 있는 사람이라는 사실을 늘 기억해야 합니다.

성경에 기록된 시편 중에 가장 아름다운 시편을 꼽으라면 많은 사람들이 시편 23편을 꼽습니다. "여호와는 나의 목자시니 내게 부족함이 없으리로다"(시 23:1)로 시작하는 다윗의 시입니다. 이어 다윗은 고백합니다. "그가 나를 푸른 풀밭에 누이시며 쉴 만한 물 가로 인도하시는도다."(시 23:2)

푸른 초장과 양떼 그리고 그들을 인도하는 좋은 목자를 떠올리게 하는 아름다운 시입니다. 다윗이 이런 시를 쓸 수 있던 것은 자신이 목동이었기 때문입니다. 다윗은 양을 치던 목장에서 늘 하나님과 함께하며 그의 인도하심을 경험했을 것입니다. 양을 치던 푸른 초장은 다윗의 일터일 뿐 아니라 하나님과 함께 만나고 대화하는 장소였습니다. 그래서 양과 자신의 관계를 하나님과 자신의 관계로 이해하는 아름다운 시가 나왔습니다.

여러분도 이런 삶을 통해 하나님께 익숙하게 됩니다. 기쁜 일이 있으면 참았다가 교회 가서 기도할 필요 없습니다. 바로 옆에 계신 하나님께 말을 거세요.

"하나님, 정말 감사합니다!"

늘 내 옆에 계신 하나님의 시선을 의식하는 것입니다. 아침에 눈을 떠서 잠자리에 들 때까지 늘 하나님을 생각하는 것입니다. 밥을 먹을 때도, 걸을 때도, 학교에서 수업을 들을 때도, 친구와 놀 때도 하나님이 곁에 계시다는 사실을 생각하는 것입니다. 그러면 자연스럽게 우리의 삶에 변화가 찾아옵니다. 확신과 평안이 꽃피기 시작합니다.

그리고 이러한 삶 가운데 하나님의 요구를 민감하게 파악하고 순종하는 삶을 살아야 합니다. 하나님의 손에 익숙한 사람은 순종하는 사람입니다. 골리앗 앞으로 나아가라 하시면, 가진 게 돌멩이 하나라 할지라도 그것을 들고 설 수 있는 사람입니다.

둘째, 순종하는 사람입니다. 순종하지 않는 사람은 그 재능이 아무리 크고 그 능력이 아무리 탁월해도 하나님께서 쓰실 수가 없습니다. 사울은 왕이었고, 골리앗과 비견될 만큼 장대하고, 멋진 외모를 가지고 있었던 인물입니다. 성경은 이렇게 기록합니다.

"기스에게 아들이 있으니 그의 이름은 사울이요 준수한 소년이라 이스라엘 자손 중에 그보다 더 준수한 자가 없고 키는 모든 백성보다 어깨 위만큼 더 컸더라"(삼상 9:2)

그러나 사울의 이러한 탁월함도 순종이 없으니, 아무것도 아닌 것이 되었습니다. 사무엘 선지자는 순종하지 않는 사울에게 저 유명한 말을 남깁니다.

"사무엘이 이르되 여호와께서 번제와 다른 제사를 그의 목소리를 청종하는 것을 좋아하심 같이 좋아하시겠나이까 순종이 제사보다 낫고 듣는 것이 숫양의 기름보다 나으니"(삼상 15:22)

셋째, 스스로를 거룩하고 경건하게 지켜 내는 사람입니다. 죄는 우리와 하나님의 관계를 멀어지게 합니다. 반복적인 죄를 방치하면 하나님께로 가까이 나가기가 힘들어집니다.

사사 삼손은 누구보다 탁월한 인물이었습니다. 지금도 힘센 사람하면 믿지 않는 사람들까지도 헤라클레스, 삼손을 떠올릴 정도로 유명한 인물입니다. 게다가 삼손은 머리도 뛰어난 사람이었습니다. 사사기 14장에 등장하는 삼손의 수수께끼는 탁월한 센스와 문학적 감각이 없으면 답을 할 수 없는 놀라운 문제였습니다. 삼손은 이런 문제를 즉흥적으로 낼 수 있을 만큼 머리가 좋은 사람이었습니다.

그러나 그는 음란의 죄를 자신의 곁에 둔 결과 결국 망하고 말았습니다. 누구보다 탁월했던 삼손의 최후는 누구보다 비참했습니다. 자신을 순결하게 지키려고 싸우지 않는 사람은 하나님의 손에 적합한 사람이 아닙니다.

넷째, 행동하는 사람입니다. 누구든 말로는 세상에서 제일 훌륭한 신앙인일 수 있습니다. 그러나 말이 골리앗을 쓰러뜨리지는 못합니다. 일어나 행동하는 사람이 하나님의 손에 익숙한 사람입니다.

가끔 인터넷 뉴스에 누가 복권에 당첨이 되었다든지 어떻게 하여 큰돈을 벌게 되었다고 하면, 반드시 달리는 댓글들이 있습니다. "혼자 쓰지 말고 기부 좀 하시오." 그러면서 자신에게 그런 돈이 생겼다면 얼마 얼마를 내겠다고 열을 토합니다. 이런 말하는 사람들은 남의 돈으로 좋은 일 하려는 사람들입니다.

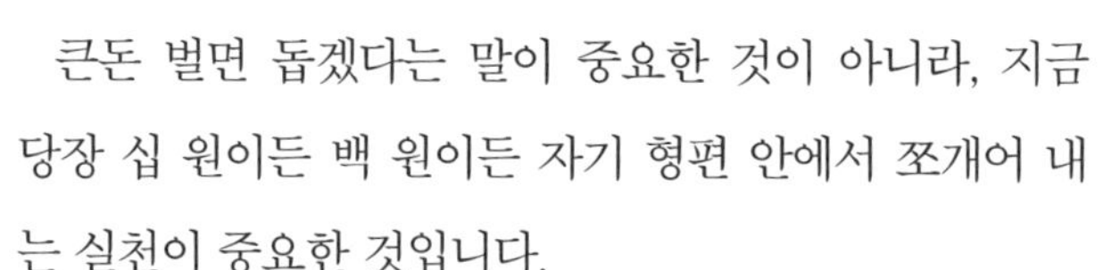

큰돈 벌면 돕겠다는 말이 중요한 것이 아니라, 지금 당장 십 원이든 백 원이든 자기 형편 안에서 쪼개어 내는 실천이 중요한 것입니다.

돌멩이도 날 수 있습니다. 누군가 던져 주면 됩니다. 돌멩이 같은 우리도 하나님 손에 들리면 날아가서 골리앗을 쓰러뜨립니다. 하나님의 손에 익숙한 사람, 그 사람이 승리하는 사람입니다.

바로 지금 싸우라

"양을 치던 곳을 주목하라!"

다윗의 승리의 배후에 숨겨져 있어서 잘 보지 못하지만, 너무나도 중요한 장소가 있습니다. 바로 다윗이 오랫동안 양을 치던 곳입니다. 소년 다윗은 목동이었습니다.

다윗에게 있어 이 양치는 일은 내키지 않을 법도 합니다. 선지자 사무엘이 기름 부어 왕을 삼을 자를 찾으려고 다윗의 아버지 이새와 아들들을 제사에 불렀을 때, 여덟 아들 중에 다윗만 불리지 못했습니다. 그 때 다윗은 양을 치고 있었기 때문입니다. 형들은 다 제사 드리러 나오고 다윗만 혼자 양을 치고 있었던 것입니다. 그러니 어떻게 보면 양을 치는 자리는 소외된 자리이고 초라한 자리라고 할 수 있었을 것입니다.

그러나 다윗은 그 자리에서 지도자로서 필요한 책임감을 배울 수 있었으며, 골리앗을 쓰러뜨린 물맷돌을 연마할 수 있었습니다. 무엇보다 하나님께 의지하는 법을 배우며, 하나님께서 주시는 승리에 대한 확신을 가질 수 있었습니다.

그래서 골리앗과의 싸움을 만류하는 사울 왕에게 다윗은 이렇게 당당하게 말할 수 있었던 것입니다.

"다윗이 사울에게 말하되 주의 종이 아버지의 양을 지킬 때에 사자나 곰이 와서 양 떼에서 새끼를 물어가면 내가 따라가서 그것을 치고 그 입에서 새끼를 건져내었고 그것이 일어나 나를 해하고자 하면 내가 그 수염을 잡고 그것을 쳐죽였나이다.

주의 종이 사자와 곰도 쳤은즉 살아 계시는 하나님의 군대를 모욕한 이 할례 받지 않은 블레셋 사람이리이까 그가 그 짐승의 하나와 같이 되리이다. 또 다윗이 이르되 여호와께서 나를 사자의 발톱과 곰의 발톱에서 건져내셨은즉 나를 이 블레셋 사람의 손에서도 건져내시리이다 사울이 다윗에게 이르되 가라 여호와께서 너와 함께 계시기를 원하노라"(삼상 17:34-37)

다윗의 논리는 명쾌합니다. 자신은 아버지의 양을 노리는 맹수에 대항하여 싸웠고, 하나님께서는 다윗을 맹수에서 보호하시고 이기게 하셨습니다. 그러니 하나님의 군대를 모욕하는 자의 손에서는 더더욱 건지시지 않겠습니까? 다윗의 이러한 확신은 머리에서 나온 것이 아니라 그가 양을 치면서 겪었던 여러 경험을 통해 얻어진 믿음이었습니다.

그런데 만일 다윗이 자신에게 주어진 그 양을 치는 자리에서 충성하지 않고 불평과 변명만 잔뜩 늘어놓는 소년이었다면 어땠을까요?

"에이 씨, 왜 나만 양을 쳐야 돼? 이딴 식으로 양을 친다고 뭐가 되겠어? 어차피 한두 마리 없어져도 모를 걸. 대충해…."

그는 필시 자기에게 맡겨진 양 따위에 책임을 다하려 들지 않았을 겁니다. 양을 물고 가는 맹수에 대적해 싸우려는 생각 같은 것을 추호도 하지 않았을 것입니다. 당연히 물맷돌 같은 것은 연마하지 않았을 것이고, 맹수와의 싸움에서 승리하게 하시는 하나님을 경험하지도 못했을 것입니다. 이런 다윗이었다면, 과연 골리앗과의 싸움에 나가기나 했을까요?

다윗이 골리앗과 싸워 이길 수 있었던 이유는 그가 그에게 맡겨진 작은 일에 충성하는 성실한 사람이었기 때문입니다. 그래서 예수님께서는 말씀하십니다.

"지극히 작은 것에 충성된 자는 큰 것에도 충성되고 지극히 작은 것에 불의한 자는 큰 것에도 불의하니라"(눅 16:10)

사랑하는 청소년 여러분, 여러분의 인생이 승리하는 인생, 사명을 다하는 인생이 되려면 가장 작은 자리에서 충성하는 법을 배워야 합니다. 하나님께서 우리에게 주신 능력을 발견하고 그것을 익숙하게 연마하며, 하나님의 손에 익숙해지도록 연단되는 장소는 어디입니까? 아마도 필시 그곳은 그렇게 화려한 곳은 아닐 것입니다.

지금 세상의 스포트라이트를 받고 있는 큰 사람들일지라도 그들이 그렇게 성장하기까지 필요한 것들을 발견하고 연마했던 자리는 아무도 보아 주지 않는 저 어느 구석이었음을 우리는 알고 있습니다.

박지성 선수는 지금 수많은 사람들이 주목하는 화려한 운동장에서 자신의 기량을 뽐내는 세계적인 축구 선수입니다. 그러나 필시 그리 멀지 않은 과거에, 박지성 선수가 자신을 연마했던 자리는 아무도 주목하지 않는 어느 곳이었을 겁니다. 저 초등학교 운동장 어디, 저 빈 공터 어디, 발 닿는 곳마다 땀을 흘리며 연습을 해도, 그에게 허락되는 경기장이란 고작 가족들 몇몇, 동네 사람들 몇몇이 소리를 지르는 자그마한 경기장이었을 것입니다.

이런 과정이 꼭 큰일을 할 사람에게만 필요한 과정이 아닙니다. 크든지 작든지, 자신의 사명을 다하며 가는 길에는 반드시 골리앗과 같은 삶의 도전이 찾아오게 되어 있습니다. 그 싸움에서 반짝이는 아이디어나 한 순간

뭐...
새벽부터 공을 찼기 때문에...
뭐... 만날 뛰어다녔기 때문에...

다짐하는 결단으로 이길 수 있다고 생각하는 것은 오산입니다.

타고난 재능이 있다면, 그것으로 한두 번의 작은 승리를 쟁취할 수 있을지 모르겠습니다. 그러나 그것만으로 인생 앞에 놓인 골리앗과 같은 큰 산, 어쩌면 그보다 더 거대한 산맥은 결코 넘어갈 수 없습니다. 우리의 삶이 궁극적인 승리에 도달하려면, 오랜 세월 하나님과 깊이 동행하는 가운데 연단되어 온 믿음이 필요합니다. 꾸준하게 연마되어 온 실력이 필요합니다.

지금 여러분이 살아가고 있는 자리는 필시 보잘 것 없어 보이는 자리일 것입니다. 쳇바퀴 도는 학교생활은 숨이 막힐 것입니다. 이제쯤 제법 친해져 있을 법한 공부라는 녀석은 아직도 친해질 기미가 보이지 않고, 날개를 펴고 싶으나 어디로 어떻게 펴야 할지 모를 막막함은 스스로를 초라하게 만들 것입니다. 세상은 여러분을 알아주지 않을 것이고 여러분도 세상을 어떻게 대해야 할지 헷갈릴 것입니다.

그러나 여러분, 여러분이 살아가고 있는 그 자리에서 맞닥뜨리는 일들에서 도피하지 말고, 그것들을 성심성

의껏 대하십시오. 여러분이 지금 서 있는 학생이라는 자리, 청소년이라는 자리를 진심으로 진지하게 대하지 않는다면, 여러분의 미래 또한 여러분을 진심으로 대하려 하지 않을 것입니다.

미래를 말하기 이전에, 고민하기 이전에 현재를 하나님 앞에 충실하게 사는 것이 중요합니다. 지금 있는 자리에서 충성하며 하나님을 경험하고, 내게 주어진 재능을 확인하며, 갈고 닦는 일이 중요합니다.

눈과 귀,
그리고 마음

정작 우리를 신앙의 자리에서 무너뜨리는 것은 역사적인 거대한 사건이나 골리앗처럼 보이는 큰 장애물이 아닙니다. 우리의 눈과 귀와 마음을 지키면, 그 어떤 일에도 굳건한 신앙의 자리를 지켜낼 수 있습니다. 우리의 큰 싸움은 작은 것을 지켜 내는 싸움입니다.

★ 눈 eye

"스데반이 성령 충만하여 하늘을 우러러 주목하여 하나님의 영광과 및 예수께서 하나님 우편에 서신 것을 보고"(행 7:55)

지금의 자리에서부터 미래의 소망을 향해, 성실한 싸움을 싸워나가다 보면 여러 가지 사탄의 태클이 들어올 것입니다. 의(義)에 원수되는 마귀는 우리가 하나님의 뜻을 따라 선하게 살도록 결코 내버려두지 않습니다.

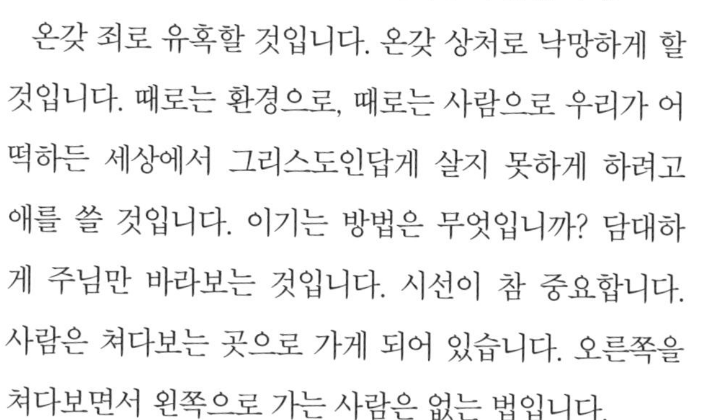

온갖 죄로 유혹할 것입니다. 온갖 상처로 낙망하게 할 것입니다. 때로는 환경으로, 때로는 사람으로 우리가 어떡하든 세상에서 그리스도인답게 살지 못하게 하려고 애를 쓸 것입니다. 이기는 방법은 무엇입니까? 담대하게 주님만 바라보는 것입니다. 시선이 참 중요합니다. 사람은 쳐다보는 곳으로 가게 되어 있습니다. 오른쪽을 쳐다보면서 왼쪽으로 가는 사람은 없는 법입니다.

사도행전 7장에 보면 초대 교회에 가장 훌륭한 신앙인의 한 명으로 꼽히는 스데반이라는 사람이 나옵니다.

스데반은 유대인들에게 담대히 예수님을 전하다가 사람들의 분노를 삽니다. 사람들은 돌을 들어 스데반을 쳐서 죽입니다. 스데반은 죽어 가면서도 "주여 이 죄를 그들에게 돌리지 마옵소서."(행 7:60)라는 놀라운 고백을 합니다. 이 놀라운 사랑의 힘은 어디서 나왔을까요?

돌로 치기 직전 사람들이 광기에 이글거리는 눈으로 스데반을 노려보고 있을 그 때, 성경은 스데반의 모습을 이렇게 기록합니다.

> "스데반이 성령 충만하여 하늘을 우러러 주목하여 하나님의 영광과 및 예수께서 하나님 우편에 서신 것을 보고"(행 7:55)

스데반의 시선을 주목하세요. 그의 눈은 자신을 죽이려는 상대를 보고 있지 않습니다. 하늘을 주목합니다. 하나님의 영광과 예수님을 바라봅니다. 바로 이 시선에서 위대한 사랑이 나오는 것입니다.

꼭 악한 사람들만 우리를 괴롭히는 것은 아닙니다. 때

로 우리와 가장 가깝고 우리가 사랑하는 사람도 우리를 괴롭게 할 때가 있습니다. 때로 내 가족, 내 친구의 말이 나를 힘들게 할 때가 있습니다.

다윗이 골리앗과 싸우러 나가기 전, 백성들에게 상황을 묻고 있을 때에 그의 큰 형 엘리압이 다윗에게 이렇게 말합니다.

> "그가 다윗에게 노를 발하여 이르되 네가 어찌하여 이리로 내려왔느냐 들에 있는 양들을 누구에게 맡겼느냐 나는 네 교만과 네 마음의 완악함을 아노니 네가 전쟁을 구경하러 왔도다"(삼상 17:28)

이 나쁜 놈, 전쟁을 구경하러 왔구나! 네가 여기 이러고 있으면 소는 누가 키울 거냐! 이게 형의 반응입니다. 얼마나 억울하고 열 받습니까? 우리 같으면 이런 상황에 뭐라고 하겠습니까?

"형은 정말, 알지도 못하면서! 내가 뭘 전쟁을 구경해! 아버지 심부름 왔거든? 형은 언제나 그런 식이야. 만날 나를 무시하고 말이야. 형은 뭐가 얼마나 잘나서

난리야. 골리앗한테 쫄아서 나가지도 못하는 주제에 소리만 커가지고. 내가 뭐 만날 양만 치는 사람이야?"

이러면 이제 형하고 대판 싸우고 상처 받고 집으로 돌아가는 것입니다. 그러나 다윗은 여기서 형하고 싸우지 않습니다. 그에게 중요한 것은 하나님의 영광이고, 골리앗과의 싸움이지 형하고 싸우는 일이 아니기 때문입니다. 그러니 골리앗하고 싸울 사람은 형하고 싸우면 안 됩니다.

여러분의 친구나 형제 혹은 심지어 부모님이 여러분의 마음을 상하게 할 때, 그 사람들을 쳐다보지 마세요. 그 사람들하고 싸우지 마세요. 우리의 경건을 망가뜨리는 것이 바로 이런 사소한 싸움에 목숨 걸게 하는 것임을 잊지 마세요.

수련회에 참석하고 말씀에 은혜 받고 기도에 은혜 받고 이제 새로운 삶을 살겠다고 결단합니다. 이러한 결단을 깨뜨리는 것이 무엇입니까?

사실은 별 것 아닌 것입니다. 집에 도착합니다. 엄마의 잔소리가 시작됩니다. 엄마는 수련회 안 갔다 왔기 때문에 하나도 안 변했습니다. 그러면 우리는 이제 은혜고 뭐고 다 잊고 분노에 사로잡힙니다.

“엄마는 일생에 도움이 안 돼! 내가 말이야, 좀 은혜 받고 새롭게 살아보려고 하는데, 엄마에게도 잘 하려고 하는데, 꼭 이 때 그렇게 김빠지는 잔소리를 해야겠어? 에이! 정말 성질나서 못 하겠네.”

이런 도전은 학교에서 학원에서 친구를 만날 때도 계속됩니다. 은혜를 받은 것은 여러분이지 친구가 아니기 때문입니다. 거기다가 대고 이긴답시고 “사탄아 물러가라!” 하진 마십시오. 가족이든 친구든, 잘 하려고 하는데 사람이다보니 연약한 부분이 있는 것입니다. 무엇보다 중요한 것은 그런 상황 속에서 늘 주님을 바라보는 것입니다. 시선이 중요합니다. 하나님의 영광과 예수 그리스도를 바라보아야 합니다.

★ 귀 ear

“그러므로 믿음은 들음에서 나며 들음은 그리스도의 말씀으로 말미암았느니라”(롬 10:17)

주님을 위해 살려고 하는 여러분을 한 번에 낙망 시키는 말이 있습니다. "웃기시네, 네까짓 게 뭘 할 수 있어." "네까짓 게 해봤자 거기서 거기지." 하는 말입니다. 이런 말은 우리가 들어야 하는 충고나 권면과는 거리가 먼 말입니다. 가치 없는 말입니다. 여러분의 귀는 가치 있는 말과 없는 말을 걸러 들을 수 있는 귀가 되어야 합니다.

세상은 끊임없이 두 가지로 여러분을 시험합니다. 영광 속에 교만해지든지 낙망 속에 무너져 버리는 일입니다. 세상의 평가에 휘둘리면 여러분은 반드시 이 두 가지 중 하나에 걸리게 되어 있습니다. 기억하십시오. 세상의 평가란 결코 우리가 신뢰할 만한 것이 아닙니다.

1990년 한 화가의 그림이 경매 시장에 나왔습니다. 최종 낙찰가격은 무려 8,250만 달러. 현재 환율로 치면 대략 900억 정도가 됩니다. 그림의 제목은 '가셰 박사의 초상Portrait du Docteur Gachet', 작가는 저 유명한 '빈센트 반 고흐'였습니다.

그런데 혹시 아십니까? 지금은 역사상 최고의 화가

중 한 명으로 추앙받는 고흐가 그의 생전에는 전혀 인정받지 못했다는 사실을 말입니다. 고흐는 생전에 1,000여 점의 그림을 그렸지만, 단 한 점밖에 팔지 못했다고 알려집니다. 그것도 단돈 400프랑, 물감 값밖에 안 되는 가격이었습니다. 화가로서의 가치를 전혀 평가 받지 못했던 고흐는 생활고와 극심한 우울증에 시달리다가 급기야 자살을 선택하고 말았습니다. 생전에 고흐가 이런 말을 남겼습니다.

"언젠가 내 그림이 물감 값보다 더 가치가 있다는 것을 알게 될 날이 올 것이다."

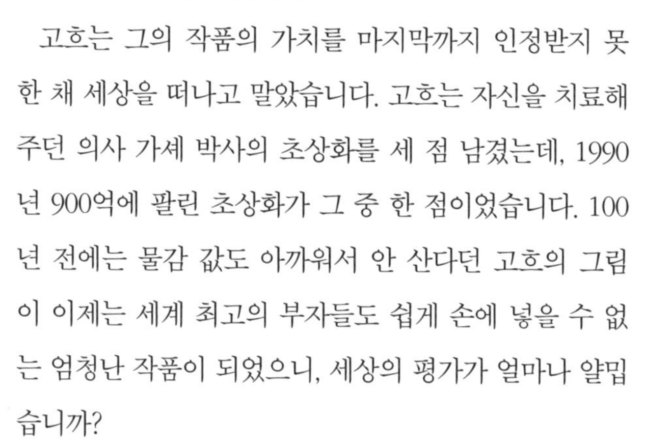

고흐는 그의 작품의 가치를 마지막까지 인정받지 못한 채 세상을 떠나고 말았습니다. 고흐는 자신을 치료해주던 의사 가셰 박사의 초상화를 세 점 남겼는데, 1990년 900억에 팔린 초상화가 그 중 한 점이었습니다. 100년 전에는 물감 값도 아까워서 안 산다던 고흐의 그림이 이제는 세계 최고의 부자들도 쉽게 손에 넣을 수 없는 엄청난 작품이 되었으니, 세상의 평가가 얼마나 얄밉습니까?

그렇습니다. 세상의 평가는 변합니다. 쓰레기라던 그

림이 명품이 되기도 하고, 최고의 인기를 누리던 스타가 한 순간에 나락으로 떨어지는 것을 보기도 합니다.

옛날 사극에는 충신들이 간신배들의 모략을 받아 죽게 되는 장면이 자주 등장했습니다. 사약을 받은 충신이 머리를 풀어헤치고 노려보면서 꼭 하는 대사가 있었습니다.

"훗날, 역사가 너희를 심판할 것이다!"

그러나 안타깝게도 훗날 역사는 심판을 잘 못합니다. 역사의 심판은 생각처럼 공정하지가 않더라는 말입니다. 승자의 역사라는 말이 있습니다. 역사 또한 그 역사를 평가하는 자의 입장에 따라 역적을 충신으로 만들기도 하고, 충신이 역적이 되기도 합니다. 많은 경우에는 기억조차 되지 않는 역사로 사라져 버리기도 합니다.

그래서 진정한 그리스도인들은 자신의 인생을 세상의 평가에 기대지 않습니다. 우리의 인생은 완전하신 하나님으로부터만 정당하게

영광 속에 교만해지느냐,
낙망 속에 무너져 버리느냐.

나, 고흐...

평가될 것입니다. 사람들이 박수 좀 쳐준다고 거들먹거리지도 않고, 사람들이 인정해 주지 않는다고 고개 숙이지도 않습니다.

"네까짓 게 뭘 해!" 하는 사람들이 우리 인생을 "네까짓 것"으로 만들 능력을 가진 사람들이 아닙니다. 그런 평가를 내릴 수 있는 자격이 있는 사람도 아닙니다. "네까짓 것"이라는 말은 "그까짓 말"로 흘려 버리십시오.

간혹 이런 말이 단순한 무시 수준을 넘어 사람을 파괴하는 수준에 이르는 경우도 있습니다. 그래서 근래 들어 악플이 원인이 되어 안타까운 선택을 한 연예인들의 소식을 심심치 않게 접합니다. 이런 악플은 말 그대로 '악한 리플'입니다. 선한 것이 없습니다. 충고를 빙자한 무책임한 배설입니다. 배설물은 거름에라도 쓰지만, 이런 악플은 그마저도 쓸데가 없습니다. 무시하는 것이 답입니다. 억울한 마음, 분노의 마음은 하나님께 던져 버리십시오. 성경은 이렇게 말합니다.

> "죽고 사는 것이 혀의 힘에 달렸나니 혀를 쓰기 좋아하는 자는 혀의 열매를 먹으리라"(잠 18:21)

자기 입에서 나오는 열매는 결국 자기가 먹게 되어 있는 것입니다. 이런 악플 같은 말을 달고사는 사람은 실은 너무도 불쌍한 사람들입니다.

우리 인생에 달리는 선한 충고, 훈계는 감사한 마음으로 받읍시다. 그러나 악플들은 무시해 줍시다. 이럴 때 쓰라는 좋은(?) 말도 있지 않습니까.

"됐거든, 즐~"

★ 마음 mind

"모든 지킬 만한 것 중에 더욱 네 마음을 지키라 생명의 근원이 이에서 남이니라"(잠 4:23)

가끔은 낙망의 말이 내 마음속에서 들려오기도 합니다. '나 같은 게 뭘 할 수 있겠어.' 어쩌면 가끔이라고 하기에는 좀 더 자주 우리 마음속에 들리는 말일지 모르겠습니다. 이런 마음이 더 자라면, 열등감이 찾아옵니다. 자기 자신이 너무도 초라하게 보이는 마음에 사로잡히게 되는 것입니다. 또 자기연민에 빠집니다. 자기가 세상에서 제일 불행한 것 같습니다. 아무것도 할 수 없고, 아무 것도 의미가 없어 보입니다.

열등감에, 또 자기 연민에 사로잡히면 자기 문제가 세상에서 제일 커집니다. 그래서 내가 안 되는 이유가 분명해집니다. 부모님이 헤어져서 안 되고, 가정 형편이 어려워서 안 되고, 머리가 나빠서 안 되고, 얼굴이 못생겨서 안 됩니다.

때문에 열등감이나 자기 연민에 빠진 사람들은 때로 지나치게 다른 사람을 의지하려는 경향을 보이기도 합니다. 자기가 부족하다고 느끼는 것을 다른 사람을 의지해서 채우려 하기 때문입니다. 그래서 사람에게 집착하게 되고 유치한 방법으로 사람을 독점하려 들기도 합니다. 결국 그런 관계는 거절을 불러오고 상처와 낙심은 더욱 커지는 악순환이 벌어집니다.

결코 하나님은 여러분에게 "네까짓 게 뭘 할 수 있겠니?"라고 하지 않으십니다. 그런 말은 하나님께로 온 것이 아닙니다. 하나님은 우리를 온 세상보다 귀히 여기시고, 모두에게 각각 고유한 사명을 주십니다.

자기를 부정하는 것은 유익합니다. “나는 죄인입니다. 나는 할 수 없습니다. 하나님께서 구원하십니다. 하나님께서 행하십니다.” 이것은 바른 고백입니다. 그러나 자기 연민은 또 다른 교만입니다. 하나님보다 내 감정을 충실하게 따르는 행동이기 때문입니다. 사탄은 이처럼 하나님께로서가 아니라, 우리 자신 안에서 나온 말을 듣게 함으로서 우리를 사명의 길에서 벗어나게 만듭니다.

민수기 13장에 보면 하나님이 약속하신 땅 가나안 앞에 서 있는 이스라엘이 등장합니다. 가나안 정복 전쟁을 앞 둔 이스라엘은 먼저 그 땅의 형편을 살피려고 12명의 정탐꾼, 그러니까 스파이를 보냅니다. 정탐꾼들은 40일 동안 가나안 땅을 낱낱이 탐지하고 돌아옵니다. 그리고 그 중 10명이 이구동성으로 말합니다.

“과연 그 땅은 듣던 대로 끝내 주는 곳이었습니다! 얼마나 비옥하고 풍성한 땅이던지요! 우리가 가져온 이 과일을 보세요. 얼마나 실한지. 그러나 그곳은 너무나도 강력한 성벽으로 둘러싸여 있고, 거인 같은 아낙 자손들도 있습니다.”

갑자기 사람들이 웅성거리기 시작합니다. 그러자 12

명 중 나머지 2명의 정탐꾼 중 1명인 갈렙이 나와서 외칩니다.

"우리가 올라가서 저들을 공격합시다! 우리는 이길 수 있습니다!"

갈렙의 말에 10명의 정탐꾼들은 더 소리 높여 말합니다.

"웃기지 마시오! 우리는 못 이깁니다. 그 땅에 들어갔다간 다 죽고 말거요. 그 땅에 사는 거인 같은 사람들을 보았는데, 우리가 얼마나 초라해 보이던지…. 꼭 우리는 메뚜기 같았소. 아마 그 사람들도 우리를 메뚜기 정도로 여겼을 거요."

열등감에 빠지니까 자기가 메뚜기 같이 보이기 시작합니다. 다른 사람도 자길 메뚜기 같이 볼 것이라고 여깁니다. 열등감은 여기서 멈추지 않습니다. 이스라엘 백성들은 폭풍 같은 자기연민에 사로잡힙니다.

> "온 회중이 소리를 높여 부르짖으며 백성이 밤새도록 통곡하였더라"(민 14:1)

얼마나 자신들이 초라해 보이고 소망이 없어 보였으

면 밤새도록 통곡을 했겠습니까? 심각한 자기 연민은 자기들을 잘 이끌어 주지 못한 지도자에 대한 상처와 분노로 이어집니다.

> "이스라엘 자손이 다 모세와 아론을 원망하며 온 회중이 그들에게 이르되 우리가 애굽 땅에서 죽었거나 이 광야에서 죽었으면 좋았을 것을 어찌하여 여호와가 우리를 그 땅으로 인도하여 칼에 쓰러지게 하려 하는가 우리 처자가 사로잡히리니 애굽으로 돌아가는 것이 낫지 아니하랴"(민 14:2-3)

차라리 애굽 땅에서 죽거나 광야에서 죽는 게 나을 뻔했다고 울부짖습니다. 어떻게 그렇게 죽는 게 낫겠습니까? 말도 안 되지만, 말을 합니다. 그러고는 자신들이 노예로 있던 애굽 땅으로 돌아가겠다고 아우성을 칩니다. 누구는 "자유가 아니면 죽음을 달라!"고 외쳤다지만, 이스라엘 백성은 죽느니 노예가 되겠다고 소리칩니다.

미친 거 아닙니까? 하나님이 이스라엘을 어떻게 구원하셨는지를 기억해 보십시오. 하나님께서는 이스라엘을 애굽에서 꺼내시려고 10가지 초자연적인 재앙을 내리셨습니다. 거기다가 광야에서 길을 잃지 않도록 낮에는 구름기둥으로 밤에는 불기둥으로 인도하셨습니다. 거기다가 쫓아오는 애굽 군대를 피하도록 하시기 위해 멀쩡한 홍해까지 갈라 주셨습니다.

그런 하나님이 가나안 땅을 주시겠다는데, 이 인간들이 거기 가느니 차라리 죽는 것이 낫다, 애굽의 노예가 되는 것이 낫다고 발악을 하고 있는 것입니다. 열등감이라는 게, 자기 연민이라는 게 이렇게 무섭습니다. 이런 상황에 하나님을 바라보았던 두 명의 정탐꾼, 여호수아와 앞서 나섰던 갈렙이 옷을 찢으며 뛰쳐나와 부르짖습니다.

> "이스라엘 자손의 온 회중에게 말하여 이르되 우리가 두루 다니며 정탐한 땅은 심히 아름다운 땅이라 여호와께서 우리를 기뻐하시면 우리를 그 땅으로 인도하여 들이시고 그 땅을 우리에게 주시리라 이는 과연 젖과 꿀이 흐르는 땅이니라. 다만 여호와를 거역하지는 말라 또 그 땅 백성을 두려워하지 말라 그들은 우리의 먹이라 그들의 보호자는 그들에게서 떠

> 났고 여호와는 우리와 함께 하시느니라 그들을 두려워하지 말라 하나"(민 14:7-9)

"그들은 우리의 먹이라! 여호와 하나님이 우리와 함께 하시느니라! 그들을 두려워하지 말라!" 이런 가슴 벅찬 설교를 들으면 안 뛰던 가슴도 뛰어야 정상입니다. 그런데 이런 설교도 그들에게는 들리지 않았습니다. 이스라엘 백성들은 오히려 여호수아와 갈렙을 돌로 쳐서 죽이려고 합니다.

하나님은 진노하십니다. 결국, 이 일로 인하여 이스라엘 백성들은 40년 동안 광야 생활을 하게 됩니다. 애굽을 나온 사람 중 여호수아와 갈렙을 제외하고, 20세 이상 어른은 단 한 명도 가나안 땅에 들어가지 못하게 됩니다.

여러분, 여러분 마음속에서 들리는 '넌 안 돼, 네까짓게 뭘 해, 넌 메뚜기야!' 하는 음성에 결코 속지 마십시오. 여러분에게 허락된 가나안을 노리는 악한 영의 음성입니다. 이미 보장된 승리조차 누리지 못하게 만드는 거짓 속임수입니다.

Step 03

부족함 속에 우리의 경주가 있다

부족함이 뛰게 한다

애플사 CEO였던 스티브 잡스가 얼마 전 세상을 떠났습니다. 그의 죽음과 함께 그가 자신의 삶의 철학을 밝혔던 2005년 스탠포드대학 졸업식 연설이 새삼 주목을 받았습니다. 그 연설의 마지막에 잡스는 그가 어린 시절 본 '지구백과The Whole Earth Catalog'라는 책의 마지막 장, 마지막 구절을 언급합니다.

"Stay Hungry, Stay Foolish."

직역하면, "배고프게 머물라, 어리석게 머물라"는 뜻

이지만, 의역하면 “늘 갈망하라, 우직하게 나아가라”는 뜻 정도가 될 것 같습니다. 배가 고프다는 것은 뭔가 부족하다는 것입니다. 그러니까 배고픔의 상태는 항상 뭔가를 채워 넣기 위해 갈망하는 상태라는 말입니다. 잡스는 이 구절을 인용하기 바로 직전 “다른 사람의 인생을 살지 말고, 누가 뭐래도 네 인생을 살아라.”고 충고합니다. 남의 시선을 의식하지 않고 자신만의 인생을 걷는 삶, 사람들에게 바보 같다는 소리를 들을지언정 남 때문에 사는 인생이 아닌 자기만의 길을 걷는 것, 이것이 어리석은 삶, 우직한 삶이라는 것입니다.

스티브 잡스는 그리스도인이 아니었고, 오히려 불교가 그의 인생에 많은 영향을 주었음을 고백한 인물입니다. 그리고 그가 인용한 '지구백과'의 마지막 구절 역시 6, 70년대 청년 문화를 상징하는 '히피' 문화의 산물입니다. 히피 문화는 비기독교를 넘어서 반기독교 정서에 가까운 문화이기도 하지요.

그럼에도 불구하고 "늘 갈망하라, 우직하게 나아가라"는 그 말 자체는 오늘을 살아가는 그리스도인들에게 너무나도 필요한 말입니다. 무엇을 갈망해야 하는가? 어떻게 우직하게 살아야 하는가? 하는 부분만 정확하게 교정이 된다면 말입니다.

사도 바울은 그리스도인이 가져야 할 삶의 태도를 이렇게 요약합니다.

> "내가 이미 얻었다 함도 아니요 온전히 이루었다 함도 아니라 오직 내가 그리스도 예수께 잡힌 바 된 그것을 잡으려고 달려가노라 형제들아 나는 아직 내가 잡은 줄로 여기지 아니하고 오직 한 일 즉 뒤에 있는 것은 잊어버리고 앞에 있는 것을 잡으려고 푯대를

향하여 그리스도 예수 안에서 하나님이 위에서 부르신 부름의 상을 위하여 달려가노라"(빌 3:12-14)

그리스도인의 삶은 이미 이루었다고 여기는 삶이 아니라, 충분하다고 멈춰버리는 삶이 아니라, 푯대를 향하여, 목적지를 향하여 끊임없이 달려가는 삶이라는 것입니다. 곧 경주자의 삶입니다. 경주자는 멈추면 안 됩니다. 골인 지점에 도달할 때까지는 항상 달려야 합니다. 그렇다면 이 경주의 목적지는 도대체 어디일까요? 그것은 "온전히 이루는 것"(12절)입니다. 온전히 이룰 때에 그리스도를 통해 하나님께서 주실 경주자의 상이 있기 때문입니다. 그럼 또 "온전히 이루는 것"은 무엇입니까? 바울은 이렇게 설명합니다.

"우리가 다 하나님의 아들을 믿는 것과 아는 일에 하나가 되어 온전한 사람을 이루어 그리스도의 장성한 분량이 충만한 데까지 이르리니"(엡 4:13)

그렇습니다. 우리 인생의 궁극적인 꿈은 엄청난 부르

얻는 것도 아니고, 최고의 명예를 누리는 것도 아니며, 궁극의 힘을 얻는 것도 아닙니다. 물론, 스스로 만족할 만한 삶을 사는 것도 아닙니다. 우리가 이 땅을 살아가면 바라보는 목적지는 오직 예수 그리스도입니다. 우리가 예수 그리스도 안에 머물며, 예수 그리스도로 살아, 예수 그리스도와 같이 되는 것입니다.

자, 우리 인생의 목표는 예수님처럼 되는 것입니다. 그런데 이 일은 이 땅에서는 완전히 이루기가 불가능합니다. 그것은 하나님 나라에 가야 완전히 성취가 될 수 있습니다.

> "우리가 지금은 거울로 보는 것 같이 희미하나 그 때에는 얼굴과 얼굴을 대하여 볼 것이요 지금은 내가 부분적으로 아나 그 때에는 주께서 나를 아신 것 같이 내가 온전히 알리라"(고전 13:12)

그러면 궁금증이 생깁니다. 하나님께서는 왜 우리에게 '예수님처럼 되라'는 실현 불가능해 보이는 목표를 세워 놓고 달려가라고 하셨을까요? 좀 실현 가능한 현실적인 목표를 주시면 좋을 텐데 말이죠. 이유는 간단합니다. 우리가 그리스도인으로서 이 땅을 살아가는 한 우리는 결코 앞으로 나아가는 것을 멈춰서는 안 되기 때문입니다.

이 세상은 결코 그리스도인들이 그리스도인답게 살도록 내버려 두는 세상이 아닙니다. 끊임없는 사탄의 시험과 죄의 미혹이 우리를 흔드는 곳입니다. 이러한 세상 속에서 그리스도인들이 살아가는 삶의 모습은 마치 '두발 자전거를 타고 가는 사람'에 비교할 수 있습니다. 두발 자전거를 타고 가는 사람은 넘어지지 않기 위해 두 가지를 결코 놓쳐서는 안 됩니다.

첫째, 균형을 잘 잡아야 합니다. 그래서 성경은 "좌로나 우로나 치우치지 말고 네 발을 악에서 떠나게 하라"(잠 4:27)고 말씀합니다. 죄에 쓰러지지 않으려면 말씀과 성령이 주시는 지혜로 균형을 잡아야 합니다.

둘째, 계속 앞으로 나아가야 합니다. 멈춰선 두발 자전거는 잠깐 동안은 유지될 수 있지만, 곧 쓰러지고 맙니다. 두발 자전거가 쓰러지지 않으려면 계속 앞으로 나아가야 합니다. 예수 그리스도를 향해, 예수 그리스도의 분량에 이르도록 계속 달려가는 경주자여야만 세상의 미혹을 뿌리칠 수 있습니다.

그럼 경주자가 계속 달려가려면 꼭 필요한 것이 무엇입니까? 아직 도달하지 못한 목표가 있어야 합니다. 그래서 하나님은 우리가 평생을 드려도 이루지 못할 목표인 예수 그리스도를 푯대로 세워 두신 것입니다. 그 목표가 있는 한 우리는 똑바로 예수님만을 쳐다보며 계속 달려갈 수 있습니다.

세상에서 탁월한 사람들은 스티브 잡스처럼 자기만의 인생을 갈망하며, 우직하게 나아갈지 모릅니다. 그러나 그리스도인들은 감히 그런 삶과는 비교도 되지 않은 높은 자리를 갈망합니다. 그리스도와 같이 되기를 말입니다. 그래서 세상의 비웃음 정도가 아니라, 핍박과 고난, 심지어 죽음의 위협이 온다고 해도 이 경주를 멈추지 않습니다. 미련하게 우직하게 나아갑니다. 바울은 경주하는 자신의 삶을 이렇게 달리 표현했습니다.

> "형제들아 내가 그리스도 예수 우리 주 안에서 가진 바 너희에 대한 나의 자랑을 두고 단언하노니 나는

날마다 죽노라"(고전 15:31)

바울은 핍박 가운데 날마다 죽음을 직면하는 삶을 살았습니다. 그러나 바울은 영원한 삶을 바라보며 달려가기에 죽음 따위가 그를 막는 장애물이 되지 못함을 고백하고 있는 것입니다.

그런데 죽음도 막지 못한 이 경주를 멈추게 할 수 있는 것이 있습니다. 바로 '자기만족'이라는 덫입니다. '이만하면 충분해, 이 정도 살면 되었어, 나 정도면 괜찮지.' 하는 생각입니다.

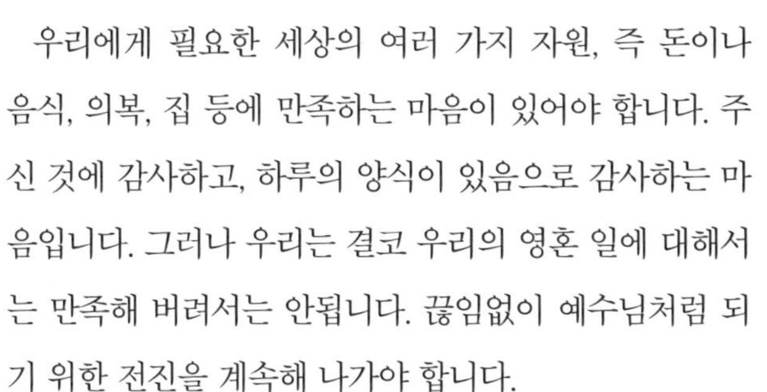

우리에게 필요한 세상의 여러 가지 자원, 즉 돈이나 음식, 의복, 집 등에 만족하는 마음이 있어야 합니다. 주신 것에 감사하고, 하루의 양식이 있음으로 감사하는 마음입니다. 그러나 우리는 결코 우리의 영혼 일에 대해서는 만족해 버려서는 안됩니다. 끊임없이 예수님처럼 되기 위한 전진을 계속해 나가야 합니다.

만족하지 말고 나아가야 할 우리의 영혼이 만족해 버리고 멈춰 버리는, 스스로 교만해져서 앞으로 나아가지 않는 어리석음에 빠지지 않도록 하는 하나님의 안전장

치가 있습니다. 우리 육체 가운데 부족함을 주시는 것입니다. 부정할 수 없는 육체적인 부족함을 곁에 두심으로 우리가 얼마나 부족한지를 결코 잊지 않고 겸손하게 앞으로 나아가도록 만드십니다.

사도 바울에게도 이런 육체의 부족함이 있었습니다. 사도 바울이 어떤 사람입니까? 그는 신약 성경의 절반을 기록했으며, 이스라엘, 터키 지역을 넘어 그리스와 로마에 이르기까지 복음을 증거하며, 수많은 교회를 세웠던 인물입니다. 그러나 그는 육체적으로는 지극히 부족하고 연약한 사람이었습니다.

일단 바울은 외적으로 사람들에게 주목을 끌 만한 사람이 아니었습니다. 바울은 자신에 대한 사람들의 평가를 이렇게 기록합니다.

> "그들의 말이 그의 편지들은 무게가 있고 힘이 있으나 그가 몸으로 대할 때는 약하고 그 말도 시원하지 않다 하니"(고후 10:10)

"야, 그 사람이 쓴 글을 읽을 때는 참 능력 있고 훌륭해 보였는데, 만나보니까 볼품도 없고 말도 잘 못하더라." 이것이 바울을 만난 사람들의 평가였습니다. 설교를 통해 그토록 수많은 사람을 감화시켰던 바울이 말을 잘 못하는 사람이었다는 사실은 참 뜻밖입니다. 그런데 이 정도는 바울이 가지고 있었던 진짜 문제에 비하면 아무것도 아닌 일이었습니다.

바울은 평생 심각한 질병을 안고 있었습니다. 대부분의 학자들은 그 질병이 간질이었다는 데에 동의하고 있습니다. 간질이 어떤 병입니까? 시도 때도 없이 거품을 물고 쓰러질 수 있는 병입니다. 생각해 보십시오. 볼품도 없고, 말도 잘하지 못하는 사도가 설교 도중 간질로 쓰러지는 장면을 말입니다. 사람들이 어떻게 그의 말을 들으려 하겠습니까.

게다가 바울은 그의 사역기간 동안 계속 장거리 전도여행을 했습니다. 한 번에 몇 년씩 떠났던 여행길은 멀쩡한 사람도 녹록하지 않은 길이었습니다. 그런데 그런 병을 가지고 여행을 하려면 얼마나 힘이 들었을까요. 그래서 바울은 이 문제를 놓고 하나님 앞에 심각하게 기도했다고 성경은 기록합니다.

"이것이 내게서 떠나가게 하기 위하여 내가 세 번 주께 간구하였더니"(고후 12:8)

사도 바울이 어떤 사람입니까? 사도행전 19장에 보면 바울의 손수건이나 옷을 가져다가 얹기만 해도 병이 낫고 귀신이 나갔다고 기록하고 있습니다. 바울은 심지어 죽은 유두고를 살리고, 독사에 물리고서도 죽지 않는 기적을 경험한 사람입니다. 그런 바울이 세 번씩이나 간절히 간구하였으니, 이런 병 따위는 깨끗이 물러나야 할 것 아니겠습니까? 그런데 하나님께서는 그 기도에 이렇게 응답하십니다.

"나에게 이르시기를 내 은혜가 네게 족하도다 이는 내 능력이 약한 데서 온전하여짐이라 하신지라 그러므로 도리어 크게 기뻐함으로 나의 여러 약한 것들에 대하여 자랑하리니 이는 그리스도의 능력이 내게 머물게 하려 함이라"(고후 12:9)

바울의 기도에 대한 하나님의 응답은 "내 은혜가 네

게 족하다."는 것이었습니다. "병 고쳐 달라고 하지 말아라." 이런 뜻입니다. 왜 그렇습니까? 병이 없어야 더 능력 있게 사역을 할 것 아닙니까. 거기에 대해 바울이 설명합니다. "내 능력이 약한 데서 온전하여짐이라." 약한 데서 온전해진다는 것은 이런 의미입니다.

"여러 계시를 받은 것이 지극히 크므로 너무 자만하지 않게 하시려고 내 육체에 가시 곧 사탄의 사자를 주셨으니 이는 나를 쳐서 너무 자만하지 않게 하려 하심이라"(고후 12:7)

바로 "자만하지 않는 것"입니다. 자만한다는 것이 무엇입니까? "내가 이 정도면 괜찮지." "나 정도면 훌륭하지." "이 정도면 충분해." 하는 마음 아닙니까? 바울은 누구보다 많은 일들을 감당하고 훌륭한 업적을 세운 사람입니다. 그는 탁월한 지식과 하나님의 말씀을 받은 사람이었습니다. 그런데 그 모든 것들이 자만해서 자기에게 만족해 버리는 결과를 낳게 된다면 더 이상 경주하지 않을 것입니다. 더욱 그리스도에게로 나아가지 않고 멈추어 버리게 될 것입니다. 그러면 곧 넘어져 버리고 말 것입니다.

그래서 하나님께서 바울에게 '육체의 가시', 곧 병을 주셨다는 말입니다. 육체적으로 너무 연약하기 때문에 하나님을 더욱 의지할 수 있습니다. 자신의 부족함을 결코 잊을 수 없기에 결코 자만하지 않고, 더욱 갈망하며, 더욱 나아갈 수 있습니다.

우리에게 약점이 있다는 사실은 결코 실망할 일만은 아닙니다. 그 약점 때문에 더 열심히 경주할 수 있기 때문입니다. 부족하기 때문에 자만하지 않고 더 뛸 수 있는 것입니다.

자신의 부족함에 몸서리치는 청소년들이여, 그 부족함을 하나님께로 나아가는, 그래서 더욱 힘을 다해 하나님의 뜻대로 행하도록 나아가는 엔진으로, 연료로 삼으십시오. 엔진은 활동하지 않으면 그 무게만큼의 짐이 됩니다. 그러나 그 엔진에 연료가 공급되고 움직이는 순간, 그것은 나를 이끌고도 남을 힘이 될 것입니다.

깨진 독을 채우는 법

예전에 '달마야 놀자'라는 영화가 있었습니다. 절에 들어간 조폭들을 다룬 영화였지요. 그 영화에서 인상 깊었던 장면이 있습니다. 막무가내로 절에 기거하며 멋대로 행동하는 조폭들이, 구도하는 스님들과 사사건건 부딪히게 되자, 주지스님이 한 가지 제안을 합니다. 자신이 낸 문제로 승부를 내어, 패한 쪽이 승리하는 쪽의 의견을 전적으로 들어 주는 것으로 말입니다.

주지스님이 낸 문제는 단순합니다. 밑이 깨진 큰 독에

물을 가득 채우는 것입니다. 조폭들과 스님들은 이런 저런 방법을 다 동원해서 물을 채워 보려고 하지만, 밑이 깨진 독은 도무지 물이 채워지지 않습니다. 그러다가 조폭들 머리에 갑자기 번뜩이는 생각이 듭니다. 함께 독을 번쩍 들고 소리를 지르며 달려가더니 연못에다가 독을 던져 넣습니다. 그러자 독 안에는 물이 가득 찹니다. 결국 조폭들은 합법적으로(?) 절에 머물 수 있게 됩니다.

시간이 흐른 어느 날, 조폭들의 보스와 주지스님이 함께 산책을 합니다. 보스가 묻습니다.

"스님, 스님은 어떻게 우리 같은 사람들을 절에 받아 주실 수 있습니까?"

그러자 스님이 이렇게 대답합니다.

"깨진 독에 물을 채우는 법은 호수에 던지는 것이지. 나도 깨진 독 같은 너희를 내 마음의 호수에 던졌느니라."

저는 감동을 받았습니다. 그 스님이 훌륭해서 감동을 받은 것이 아니고, 깨진 독은 호수에 던져야 채워진다는 것에 감동을 받았습니다. 그렇습니다. 깨진 독을 채우는 방법은 호수에 던지는 것입니다.

인간은 누구나 깨진 독입니다. 조폭은 깨진 독이고, 스님은 호수일 리가 없습니다. 조폭이든, 스님이든, 목사님이든 인간은 모두가 깨진 독입니다. 깨진 독 같은 인간이 채워질 수 있는 방법은 호수이신 하나님 안에 거하는 것입니다.

부족한 우리는 하나님과 함께 할 때만 채워질 수 있습니다. 그래서 예수님께서는 우리에게 예수님 안에 거하라고 말씀하십니다.

> "내 안에 거하라 나도 너희 안에 거하리라 가지가 포도나무에 붙어 있지 아니하면 스스로 열매를 맺을 수 없음 같이 너희도 내 안에 있지 아니하면 그러하리라"(요 15:4)

그런데 이 말씀에서 또 한 가지 매우 주목해야 할 부분이 있습니다. 예수님은 당신 안에 거하는 것을 가지가 포도나무에 붙어 있는 것으로 말씀하시면서, 예수님 안에 있는 사람만이 포도나무 가지가 열매를 맺듯 열매를 맺을 수 있다고 말씀하십니다.

그렇습니다. 우리가 온전한 열매를 맺기 위해서는 반드시 예수님 안에 있어야 합니다. 그러니까 자신의 깨어짐을 알고, 부족함을 알고, 하나님 안에 자신을 두는 자만이 진정으로 하나님께서 맺게 하시는 열매를 맺을 수 있다는 말입니다.

바꿔 말하면, 아무리 탁월한 능력을 가진 사람이라고 할지라도 자신이 깨어진 존재라는 것을 알고 하나님 안에 거하려 힘쓰지 않으면 하나님이 원하시는 열매는 맺히지 않는다는 것입니다. 하나님이 이 사실을 깨닫게 하시려고, 아직 자신이 깨진 독인지 모르는 사람을 확실하게 깨뜨리셔서 준비시키시는 경우를 성경에서 보게 됩니다.

출애굽기에 모세라는 인물이 등장합니다. 모세는 이스라엘 사람이지만 여차한 이유로 하여 적국 이집트의 왕자로 자라게 됩니다. 그리고 40세가 되던 해, 노예로 고통받고 있는 자기 민족 이스라엘을 위해 분연히 일어나 이집트의 관리를 쳐 죽입니다. 그러나 오히려 그 일이 자기 민족 이스라엘 백성의 입을 통해 발각되면서,

배신감이라는 깊은 마음의 상처를 안고 광야로 도망칩니다.

그리고 무려 40년 동안 모세에게는 아무 일도 일어나지 않습니다. 그저 무기력하게 40년을 광야에서 양을 치면서 보내지요. 이 광야의 시간 동안 칼을 갈고, 하나님께 쓰임 받을 준비를 하였느냐? 전혀 아닙니다. 그냥 그야말로 무기력한 패배와 절망만을 곱씹었을 뿐이지요. 모세가 오죽 나락으로 떨어졌으면 나중에 하나님께서 모세를 불러서 이스라엘 백성을 구원하려고 하셨을 때, 모세 입에서 나온 첫 마디가 이겁니다.

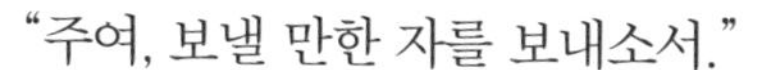

"주여, 보낼 만한 자를 보내소서."

하나님이 직접 부르시는데, 이쯤 되면 간이 배 밖으로 나온 거지요. 근데 여기서 끝나지 않습니다. 지팡이가 뱀으로, 손에 문둥병이 생겼다가 낫는 기적을 눈앞에서 보여 주시는데도 모세는 안 간다고 버팅깁니다. 죽으려면 무슨 짓을 못하겠습니까. 그만큼 모세의 자존감은 바닥을 치고 있었다는 얘깁니다. 아마도 모세는 속으로 생각했을지 모르겠습니다.

'아~ 정말, 뭐 지도자로 세우시려면 40년 전에 힘 있을 때나 좀 도와주셔서 일을 시키시지요. 이제 와서 왜 이러십니까. 내 나이가 80입니다. 80이요. 40년 동안 양 치느라 정치의 정자도 까먹을 판입니다. 나 좀 냅두세요. 그냥 이렇게 살다가 죽게.'

어쨌든 마음 좋으신 우리 하나님은 모세를 죽이지 않으시고 어르고 달래어 결국 보내십니다. 그리하여 모세는 무기력한 80세 노인이 되어서야 민족을 이집트에서 해방시키는 지도자가 됩니다.

여기서 우리는 모세와 같은 질문이 생깁니다. 하나님께서는 왜 지도자로 준비된, 열정이 펄펄 끓어 애굽의 관리를 쳐 죽였던 40세 모세를 사용하지 않으셨을까요? 왜 광야에서 40년 동안 양을 쳐서 열정이 식을 대로 식은, 80세 노인 모세를 사용하셨을까요? 이 질문에 대한 답은 또 다른 한 인물을 살펴보며 찾기로 하지요.

베드로는 우리가 아는 대로 예수님의 수제자입니다. 열정이 대단했던 인물이기도 하지요. 예수님께서 잡히시던 밤 마지막 만찬에서, 예수님은 모든 제자들이 예수님을 버리고 떠나게 될 것이라고 말씀하십니다. 그러자 베드로가 소리치지요.

"베드로가 대답하여 이르되 모두 주를 버릴지라도 나는 결코 버리지 않겠나이다"(마 26:33)

예수님은 베드로에게 이렇게 말씀하십니다.

"예수께서 이르시되 내가 진실로 네게 이르노니 오늘 밤 닭 울기 전에 네가 세 번 나를 부인하리라"(마 26:34)

베드로는 다시 한 번 큰소리를 칩니다.

"베드로가 이르되 내가 주와 함께 죽을지언정 주를 부인하지 않겠나이다 하고 모든 제자도 그와 같이 말하니라"(마 26:35)

결과는 어떻게 되었을까요? 예수님을 절대로 부인하지 않겠다던 제자들은 모두 예수님을 버리고 도망을 칩니다. 가장 큰소리를 쳤던 베드로는 주님의 말씀대로 3

번 주님을 부인합니다. 그런데, 그것도 그냥 부인한 것이 아닙니다.

> "베드로가 모든 사람 앞에서 부인하여 이르되…"(마 26:70)
>
> "베드로가 맹세하고 또 부인하여 이르되…"(마 26:72)
>
> "그가 저주하며 맹세하여 이르되 나는 그 사람을 알지 못하노라 하니 곧 닭이 울더라"(마 26:74)

처음에는 그냥 부인하고, 두 번째는 맹세하고 부인하고, 세 번째는 저주하며 맹세하고 부인합니다. 닭이 우는 소리를 들은 베드로는 주님의 말씀을 기억하고 결국 통곡하고 맙니다.

이렇게 철저한 실패를 한 베드로에게 삼 일 만에 부활하신 예수님이 찾아가십니다. 그러고는 그 베드로를 회복시키십니다. 요한복음 21장에 보면 베드로를 찾아간 예수님께서 베드로에게 3번 사랑을 고백하게 하심으로 베드로를 다시 세우시는 장면이 나옵니다. 예수님께서 물으십니다.

"그들이 조반 먹은 후에 예수께서 시몬 베드로에게 이르시되 요한의 아들 시몬아 네가 이 사람들보다 나를 더 사랑하느냐 하시니…"(요 21:15)

예전의 베드로 같으면 어떻게 대답했겠습니까?

"그럼요, 주님! 제가 사랑하고말고요. 이런 걸 물어 보시다니 섭섭합니다. 제가 주님을 사랑하지 않으면 누가 사랑하겠습니까? 목숨을 다해 주님을 사랑합니다. 죽을지라도 주님만 따르겠습니다!"

그런데 뼈저린 실패를 경험한 베드로는 예전과 같이 그렇게 대답하지 못합니다. 베드로는 이렇게 답합니다.

"…이르되 주님 그러하나이다 내가 주님을 사랑하는 줄 주님께서 아시나이다…"(요 21:15)

한층 차분해져 있는, 어쩌면 풀이 죽어 보이는 베드로의 고백입니다. 이런 베드로에게 주님은 동일한 질문을 2번 더 하십니다. 세 번째 예수님께서 질문하셨을 때 베드로는 이런 반응을 보입니다.

"…베드로가 근심하여 이르되 주님 모든 것을 아시오매 내가 주님을 사랑하는 줄을 주님께서 아시나이다…"(요 21:17)

그렇습니다. 베드로는 이미 자신이 주님을 부인했다는 모든 사실을 아는 주님께 큰소리 칠 수가 없었습니다. 아니, 이미 자신이 확인한 것입니다. 자신이 진심과 열정은 있었지만 그 진심과 열정을 지켜낼 힘이 없었다는 것을 말입니다. 우리는 바로 이 지점을 헷갈립니다. 진심과 열정이 있는 것과, 그만큼의 힘이 있는 것은 다른 것입니다.

제가 어릴 때 축구 국가 대항전에서 유럽이나 남미의 강호들을 만나면, 아나운서가 반드시 하는 멘트가 있었습니다. 시작하기 전에는 "한 수 배운다는 마음으로…"였습니다. 실력으로는 이길 가능성이 거의 없었기 때문입니다. 끝날 무렵에는, 물론 항상 지고 있었지요, "정신력으로 버텨야 합니다."라고 했습니다. 분명한 것은 정신력만으로 이길 수는 없었다는 것입니다.

지금은 어떻습니까? 충분한 실력이 있으니까 유럽 팀

이건 남미 팀이건 배운다는 생각보다는 이긴다는 생각으로 만나고, 정신력 운운하지 않아도 자주 이기게 되었습니다. 투지, 정신력, 열정 이런 것은 과거의 선배 선수들도 누구 못지않았습니다. 그러나 체력과 실력이 따르지 않으니까 이기지 못한 것입니다. 한마디로 이길 힘이 없었던 것입니다.

그리스도인답게 산다는 것은 투지와 열정만으로 가능한 일이 아닙니다. 오히려 그렇게 핏대를 세우지 않아도 진짜 실력, 진짜 힘이 있으면 가능합니다. 그럼 그 힘이 어디서 나옵니까? 겸손하게 하나님을 의지할 줄 아는 데서 나옵니다.

예수님은 겸손해진 베드로에게 놀라운 말씀을 하십니다.

"이르시되 내 어린 양을 먹이라 하시고"(요 21:15)

"이르시되 내 양을 치라 하시고"(요 21:16)

"예수께서 이르시되 내 양을 먹이라"(요 21:17)

예수님을 부인하고는 코가 쑥 빠져 버린 베드로에게 비로소 예수님은 자신의 양을 맡기시는 것입니다. 투지와 열정에 불타 큰소리 뻥뻥 치던 베드로에게는 양을 맡기지 않으셨습니다. 그런데 실패한 베드로, 부족한 베드로에게는 양을 맡기십니다.

왜인 줄 아십니까? 큰소리 치던 베드로는 열정은 있지만 양을 돌볼 힘이 없었던 것입니다. 자기 열정에 불타서 자기밖에 보이지 않기 때문입니다. 이런 사람한테 양을 맡기면 양을 돌보는 것이 아니라 열정의 불로 양을 구워 먹습니다. 양을 먹고 힘내야 계속 열정을 불태울 수 있기 때문입니다.

교회에도 보면 이런 성도, 혹은 이런 지도자들이 있습니다. 열정에 불타는 분들입니다. 너무 뜨거워서 다른 사람들을 다 태우고 돌아다닙니다. 정작 본인은 뭐가 문제인지 잘 모릅니다. 내가 이렇게 진심인데, 내가 이렇게 뜨거운데, 이걸 이해 못하는 게 문제고, 이걸 따라오지 못하는 게 문제고 심지어 자기 뜻을 따라 주지 않는 건 사탄의 훼방입니다. 자기 사역을 위해서 사람이 희생되는 것을 당연하게 여기고, 사람이 다치는 것을 돌보지 않습니다.

이런 사람은 어떻게 하든 일은 되게 만듭니다. 그런데

정작 그 일의 목적이 되는 사람은 다 사라지고 없어집니다.

양을 돌보는 것이 일인데, 그 일을 하기 위해 양을 다 잡아먹어 버리는 어처구니 없는 일이 생기는 것입니다. 그럼에도 불구하고 이런 사람들은 자기 믿음이 남보다 낫다고까지 생각하게 됩니다. 그러나 이것은 진정한 믿음의 모습이 아닙니다. 하나님이 원하시는 열매가 아니기 때문입니다.

목자란 열정에 불타서 앞서 열심히 뛰어가다가 지치면 양으로 몸보신하고, 못 따라오는 양은 때려잡는 사람이 아닙니다. 목자의 실력은 때론 앞에서, 때론 뒤에서 양을 돌보며 단 한 마리의 낙오도 없이 그들을 쉴 만한 물가와 푸른 초장으로 인도할 수 있느냐에서 결정되는 것입니다.

그러려면 목자는 강인함과 동시에 철저한 섬김의 겸손함이 있어야 합니다. 이 목자의 힘은 어디서부터 나옵니까? 바로 진정한 목자되시는 주님을 철저히 의지하는 데서 나오는 것입니다.

열정 자체는 나쁜 것이 아닙니다. 그러나 그 열정이

겸손이라는 그릇에 담기지 않으면 오히려 해로운 것이 될 수 있습니다. 불은 참 좋은 것입니다. 그러나 좋다고 불을 그냥 막 던지면, 집이고 사람이고 다 홀랑 태우고 말 것입니다. 그 불을 적절한 용기에 담아야 합니다. 발전기에 담으면 전기로, 난로에 담으면 사람을 따뜻하게 해주는 온기로, 엔진에 담으면 앞으로 나아가게 하는 동력이 됩니다.

그래서 베드로의 실패는 반드시 필요한 것이었습니다. 실패한 자가 되어야, 부족한 자가 되어야 비로소 베드로는 겸손함으로 하나님 안에 거하며 하나님의 양들을 돌볼 수 있는 힘을 갖게 되는 것이었습니다.

"나는 남들과는 다르다!"는 신앙의 자만심이 아니라, "나는 남들보다 더 연약하다. 그래서 더 하나님이 필요하다."는 모습이 바로 사명을 감당할 목자에게 필요한 모습입니다.

모세도 마찬가지입니다. 불타는 40대 모세보다, 그 불이 철저한 실패 가운데 생겨난 연약함이라는 그릇, 겸손함이라는 그릇에 담길 수 있게 된 80세 모세가 하나님의 일을 하기에 훨씬 적합한 사람이었던 것입니다.

가장 믿음이 큰 사람은 자기 믿음이 얼마나 연약한지를 가장 잘 아는 사람입니다. 하나님의 붙드심이 없이는 얼마나 쉽게 허물어져 버릴 수 있는지를 잘 아는 사람입니다.

내가 부족한 줄 알고, 내가 깨진 독이라는 것을 알아야 합니다. 언제나 겸손함으로 "주님이 모든 것을 아시오매 내가 주님을 사랑하는 줄을 주님께서 아시나이다" 라고 고백할 수 있어야 합니다. 이런 사람이 바로 하나님이 쓰시기에 적합한 사람, 하나님의 사명을 온전히 감당하는 일꾼이 될 것입니다.

저는 꿈이 없어요

청소년들과 대화를 나누다 보면 이런 고민을 많이 듣게 됩니다.

"목사님, 저는 꿈도 없고요. 뭘 잘하는지, 앞으로 뭘 해야 될지 잘 모르겠어요…."

제가 대답합니다.

"나도 내가 뭘 해야 할지 잘 모르겠어."

그 녀석은 장난치지 말라는 듯이 볼멘소리를 하지요.

"아- 정말, 목사님은 지금 목사님 하고 계시잖아요!"

그럼 저는 더 큰 소리로 말합니다.

"아- 정말, 너도 지금 학생 하고 있잖아!"

이 말에는 두 가지 의미가 있습니다. 첫 번째 의미는 고민이란 인생에 언제나 있으며 꼭 필요하기도 한 요소라는 것입니다. 학생은 학생으로서의 고민이 있고, 목사는 목사로서의 고민이 있습니다. 어차피 인생은 고민의 연속입니다. 고민이 생길 때는 고민을 할 필요가 있습니다. 목사가 어떻게 더 목사다운 목사가 될 수 있을까를 고민하지 않는다면 어떻게 더 나은 미래를 기대할 수 있겠습니까?

목사가 더 나은 목사가 되기 위해서 많은 고민이 필요하다면 학생이 학생 아닌 다른 무언가가 되기 위해서는 얼마나 많은 고민이 필요할까요? 학생의 때는 아직 배움도, 경험도, 정보도 한참 부족한 때입니다. 고민하지 않고 어떻게 한 번에 알지도 못하는 길을 갈 수 있을까요?

많은 친구들이 고민한다는 것 자체를 문제로 받아들입니다. 고민한다는 것 자체를 꿈을 가진 것보다 열등하게 보고 있기 때문입니다. 고민은 열등한 것이 아닙니다. 꿈과 고민, 이 두 가지는 사실 미래를 준비하는 오늘의 방법이라는 면에서 같은 것입니다. 누군가는 꿈을 바라보며 미래를 준비하고 누군가는 고민하며 미래를 준비하는 것이지요.

고민이 쓸데없는 것이 되는 경우란, 단지 막연한 걱정에 머무는 경우일 것입니다. 마찬가지로 꿈도 엉뚱하게 꾸면 쓸모없는 것이 되어 버릴 것입니다.

바른 꿈이 가치가 있듯이, 바른 답을 찾기 위한 치열한 몸부림으로 이어지는 고민도 아주 값진 것입니다. 썼다 지우고, 또 썼다 지우며 답을 찾아 가는 고민의 과정 속에서 우리는 올바른 길을 걷게 될 것입니다. 이런 고민은 꼭 필요한 인생의 한 부분입니다. 그래서 목사는 목사로서의 고민을 해야 하고, 학생은 학생으로서의 고민을 해야 하는 것입니다. 그것도 열심히 해야 합니다.

무엇보다 진정한 고민은 우리를 하나님께로 나아가게 해 주는 아주 귀중한 통로가 됩니다. 간절히 답을 구하는 사람은 더욱 간절히 하나님께로 나아갈 수 있습니다.

고민하는 사람들을 보세요. 자기가 고민하는 문제와 비슷한 이야기만 나와도 귀를 쫑긋 세웁니다. 자기 고민에 대한 다른 사람의 이야기를 듣기 원합니다. 혹시 답이 있을까 간절히 귀 기울여 상대의 말을 듣습니다. 갈급한 마음이 있는 것이지요. 그 마음은 하나님의 음성에 간절히 귀 기울이도록 하는 데에도 아주 좋은 재료가 됩니다. 설교를 하다 보면 가끔 이런 말을 하는 친구들이 있습니다.

"목사님, 오늘 설교 짱이었어요. 진짜 은혜 받았어요. 고민하던 문제가 있었는데 다 해결되었어요."

말을 잘 알아들어야 합니다. 이 말은 제가 설교를 잘 했다는 뜻이 아닙니다. 자기가 열심히 들었다는 뜻이지요. 왜 열심히 들었을까요? 왜 은혜가 되었을까요? 자기가 고민하고 있는 문제였기 때문입니다.

현재에 대한 불안과 고통, 암흑과 같은 미래에 대한 고민에 직면한 한 시인은 이렇게 고백합니다. "하나님이여 사슴이 시냇물을 찾기에 갈급함 같이 내 영혼이 주를 찾기에 갈급하니이다."(시 42:1) 이처럼 진정한 고민은 우리로 하여금 하나님을 갈급하게 만들어 줍니다. 그래서 하나님은 우리 인생 속에 고민을 주십니다. 우리를 더 가까이 두시려고 말이지요.

그러니 친구여, 이제 고민이 생기면 열심히 고민을 합

시다. 고민을 두려워하지 마시고, 고민을 시간 낭비로 여기지 마시고, 열심히 고민하며, 열심히 하나님을 구합시다.

두 번째 의미는 현실에서 눈을 떼면 안 된다는 의미입니다. 고민을 쓸데없는 고민으로, 꿈을 개꿈으로 만드는 비결이 있는데, 그것은 현재의 본분에서 한눈파는 것입니다.

학생이면, 학생으로서 열심히 살아야 합니다. 지금 할 수 있는 일을 해 나가야 합니다. 현재를 세우지 않는 미래란 존재할 수가 없습니다. 고민을 해도, 학생이라는 현재의 본분에 충실하며 고민을 해야 할 것이고 꿈을 꾸어도, 그 꿈을 위해 현재의 대가를 지불하며 꾸어야 할 것입니다. 현재에 충실하는 것은 바로 인생의 승리 비법임을 앞서 다윗을 통해 이미 살펴본 바가 있습니다. 고로, 그리 긴 이야기가 필요 없을 듯합니다.

쓸데없는 핑계 대지 말고 열심히 삽시다. 학생이면 학생의 본분에 충실합시다. "행복은 성적순이 아니잖아요!" 제가 청소년 때 유행했던 말입니다. 틀린 말은 아니지요. 그러나 정직하게 말하자면, 그래서 공부를 안

한 것은 아닙니다. 아마도 대부분의 제 친구들도 그렇겠지요. 공부보다 더 중요한 게 있다면 그걸 해야죠. 그러나 다른 것이 별로 떠오르지 않는다면, 일단 공부를 하세요. 공부라는 게 생각보다 쓸모가 많습니다.

변명과 핑계가 미래를 만들지는 않습니다. 오늘을 얼렁뚱땅 보내 버릴 이유를 찾으려면 얼마나 많겠습니까? 잠언에 이런 말이 있습니다. "게으른 자는 말하기를 사자가 밖에 있은즉 내가 나가면 거리에서 찢기겠다 하느니라."(잠 22:13) 게으른 사람은 핑계가 많다는 것을 말씀하는 것입니다. "내가 일을 하러 나가다가 사자를 만날까 봐 안 나간 거야." 게으름은 없는 사자도 만들어 내는 법입니다.

꿈이 없다고 해서 오늘의 할 일까지 없는 것은 아닙니다. 앞으로 뭘 해야 할지는 몰라도 지금 뭘 해야 할지는 알 수 있습니다. 지금 주어진 것을 해 나가면 되니까요. 그리고 열심히 고민하면 되니까요. 꿈이 없어서 지금 아무것도 할 수 없다는 어리석은 변명에 빠지지 말고 꿈이 없으니까 더 열심히 찾고, 더 열심히 살아야겠다는 다짐으로 나아갈 수 있다면 얼마나, 얼마나 좋겠습니까.

거북이와 ★ 물방울

요즘 인기를 얻고 있는 한 개그맨이 자서전을 출간했습니다. 키도 작고 평범한 외모에 특출난 재능도 없는 자신을 '거북이'에 비교한 내용이었습니다. 토끼처럼 빠르지 못하기에, 자신이 느리다는 것을 알고 있기에, 더 성실하게 꾸준히 걸을 수밖에 없었던 거북이 말입니다. 남들만큼 갖춘 것이 없었기에 묵묵히 더 성실하게 걸을 수밖에 없었다는 그런 고백입니다. 부족해서 성실할 수 있다면, 그것 또한 복이라는 생각을 해 봅니다.

물로 바위에 구멍을 낼 수 있는 두 가지 방법이 있습니다. 그 중 한 가지 방법은 물에 엄청난 압력을 가해서 작은 구멍을 통해 분사하는 것입니다. 실제로 이런 절단 기계가 '워터젯'이라는 이름으로 현장에서 사용된다고 합니다. 워터젯은 돌이나 쇠는 물론이고 다이아몬드까지 절단해 낼 수가 있다고 하니, 정말 대단하지 않은가요?

그런가 하면 이처럼 강한 힘이 없이도 가능한 방법이 있습니다. 예, 맞습니다. 한 곳에 지속적으로 물방울을 떨어뜨리는 것이지요. 지속적으로 떨어지는 물방울이 단단한 바위에 구멍을 낸다는 사실을 누구나 알고 있습니다. 바로 꾸준함의 힘입니다. 어떤 강력한 힘을 가하지 않아도 물은 꾸준함만으로 바위를 뚫을 수 있습니다.

제가 담임목사로 부임한 지 1년 4개월이 지났을 무렵 그런 생각이 들었습니다. 1년 4개월밖에 되지 않았는데, 왜 이렇게 오랜 시간이 지난 것 같은 느낌이 들까. 그건 아마 설교가 큰 이유가 되지 않나 하는 생각이 들었습니다.

부목사로 부서를 맡아 사역을 할 때는 일주일에 보통 한두 편의 설교를 했습니다. 많으면 서너 편 정도였지요. 그런데 담임목사가 되고 나서는 설교를 매주 10편씩 해야 합니다. 매주 10편의 설교를 하면, 1년이 52주니까 총 520편이 됩니다. 1년 4개월이면 680편입니다. 휴가 기간 등을 포함해서 빠진 횟수를 넉넉히 30번으로 잡아도, 대략 650편의 설교를 한 셈이지요.

650편이면 이전처럼 일주일에 2번 설교를 한다고 가정했을 때, 무려 6년 3개월이 걸려야 하는 분량입니다. 그러니까 설교로만 따지면, 지난 1년 4개월 동안 6년 3개월의 시간을 살았던 셈이 됩니다. 여기서 놀라운 사실을 알게 됩니다. 어떤 일을 꾸준하게 성실히 하면, 같은 시간을 살아도 훨씬 오래 살게 된다는 것입니다.

650편의 설교 원고라면, 각 설교 당 A4 용지 3장 분량으로만 잡아도, 총 분량이 1,950장에 이릅니다. A4 1,950장이면 이 정도 분량의 책을 50권은 족히 낼 수 있습니다. 하루하루는 별 것 아닌 것 같지만, 조금씩만 꾸준히 쌓이면 이처럼 감당 못할 분량이 되지요.

당장 하루에 어영부영 보내는 시간을 30분만 줄이고 의미 있는 일에 투자해 봅시다. 권하기는 제발 경건을 위해 기도와 말씀에 투자하십시오. 그러면 일 년에 약

182시간이 됩니다. 182시간이면 일주일에 약 42시간 씩 한 달 분량입니다. 42시간이면 주5일 근무자의 한 주 근로시간에 맞먹는 시간입니다. 그러니까 182시간은 한 달을 직장 다니듯 말씀과 기도에 전념해야 채울 수 있는 시간이라는 뜻입니다. 일 년에 한 달을 일하듯 경건에 전념하는 사람의 인생이 어떻게 달라지지 않을 수 있겠습니까.

꾸준함의 힘은 이처럼 강력합니다. 그래서 만일 자신이 힘으로 바위를 뚫을 수 있는 강함을 가지고 있지 못하다고 생각한다면, 꾸준한 물방울이 되기로 합시다. 능력과 재능만이 힘이 아닙니다. 꾸준함도 그 못지않은 힘을 가지고 있습니다. 작은 것에 꾸준함이 더해지면 거대한 것이 됩니다.

★ 잠들지 않는 토끼 이야기

그럼 어떤 친구들은 이렇게 생각할지 모르겠습니다. "그래도 어쨌든 타고난 재능도 있으면서 꾸준한 사람은 못 이기는 거잖아요. 다행히 토끼가 잠을 자서 거북이가 이긴 거죠. 하지만 세상에는 잠자지 않는 토끼들이 넘쳐난다구요."

네, 맞습니다. 세상에는 잠들지 않는 토끼들이 많지요. 만일 우리의 목표가 토끼를 이기는 것이라면 거북이들은 절망할 수밖에 없을 것입니다. 아무리 부지런한 거북이라고 해도 말이죠. 그러나 다행히도 우리 인생의 목표가 토끼를 이기는 것이 아니지 않습니까?

세상에서는 어떤 재능을 타고난 사람이냐에 따라 그 대우가 확연하게 달라지지요. 최고의 하키 선수가 받는 연봉과 최고의 축구 선수가 받는 연봉은 비교할 수 없을 만큼 차이가 납니다.

저하고 장동건 씨하고 차이는 키하고 얼굴밖에 없습니다. 진짜예요. 저도 연기는 그만큼 할 자신이 있습니다. 지금은 장동건 씨가 연기를 잘하지만, 처음에는 정말 못 봐줄 수준이었습니다. 그런데도 계속 주인공 합니다. 왜요? 잘생겼으니까요. 제가 연기를 했다면 그런 기회를 절대로 얻을 수 없었을 겁니다. 차이는 딱 하나, 외모입니다.

타고난 재능은 불공평하다고 느낄 만큼 차이가 있습니다. 어떤 친구들은 설렁설렁 100점을 맞습니다. 또 어떤 친구들은 '내가 한번 부모님과 친구들을 깜짝 놀라게 해주리라.' 하고 죽어라고 공부합니다. 그리고 시험 점수를 받아들면, 정말 깜짝 놀라지요. 60점.

그러나 여러분, 타고난 재능은 결국 하나님이 주신 것입니다. 하나님이 그렇게 주셔 놓고, 제가 하나님 앞에 갔을 때 너는 왜 장동건만큼 주연을 못했냐, 왜 박지성만큼 축구를 못했냐고 하신다면, 정말 공평하신 하나님이 아니시겠죠. 그러나 하나님은 그렇게 점수를 매기시지 않습니다.

마태복음 25장에 보면 예수님의 달란트 비유가 등장합니다. 천국의 원리를 알려 주는 비유인데요. 거기에서 주인(하나님)이 종(우리)에게 달란트를 줍니다. 여기서 달란트는 화폐 단위인데요. 한 달란트가 약 3,000일 동안 일해야 벌 수 있는 아주 큰돈입니다. 그런데 주인은 달란트를 똑같이 주질 않습니다.

"각각 그 재능대로 한 사람에게는 금 다섯 달란트를,

한 사람에게는 두 달란트를, 한 사람에게는 한 달란트를 주고 떠났더니"(마 25:15)

재능에 따라 1달란트, 2달란트, 5달란트 이렇게 다르게 주십니다. 서로 다른 재능이 있었다는 말입니다. 중요한 것은 다음입니다.

주인이 왔을 때, 5달란트를 받은 종은 장사를 해서 5달란트를 남겼고, 총 10달란트를 가져왔습니다. 2달란트를 받은 종도 장사를 해서 2달란트를 남겼고, 총 4달란트를 가지고 왔습니다. 결과로만 놓고 보면 10달란트를 가져온 종이 4달란트를 가져온 종보다 두 배 넘게 잘한 것입니다. 그러나 처음부터 받은 것이 다르다는 사실을 기억해야 합니다. 그래서 주인이 이 두 사람을 정확하게 똑같이 칭찬하십니다. 아래 구절을 보세요.

"그 주인이 이르되 잘하였도다 착하고 충성된 종아 네가 적은 일에 충성하였으매 내가 많은 것을 네게

맡기리니 네 주인의 즐거움에 참여할지어다 하고"(마 25:21)

"그 주인이 이르되 잘하였도다 착하고 충성된 종아 네가 적은 일에 충성하였으매 내가 많은 것을 네게 맡기리니 네 주인의 즐거움에 참여할지어다 하고"(마 25:23)

마치 똑같은 구절을 옮겨 놓은 것 같지요? 위에 것이 5달란트 받은 종, 아래 것이 2달란트 받은 종에 대한 칭찬입니다. 왜 주인이 이렇게 똑같은 칭찬을 하십니까? 왜냐하면 주인이 칭찬하는 것은 그들이 가져온 결과가 아니기 때문입니다. 주인은 이렇게 칭찬합니다.

"착하고 충성된 종아."

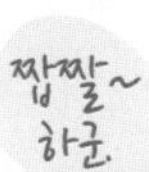

주인이 본 것은 그 종이 충성하였다는 것입니다. 결과의 문제가 아니고, 충성의 문제였다는 말입니다. 더욱 충격적인 말이 다음에 등장합니다.

"네가 적은 일에 충성하였으매."

여러분 10달란트는 적은 돈이 아닙니다. 일반 직장인들이 30,000일을 일해야 벌 수 있는, 그러니까 약 82년을 한 푼도 안 쓰고 모아야 하는 엄청나게 큰돈입니다. 그런데 이 주인의 스케일은 얼마나 큰지 이것도 "적은 일"일 뿐입니다. 하긴 일개 종에게 5달란트를 맡길 정도의 주인은 얼마나 큰 부자였겠습니까?

그러니까 우리가 아무리 큰 재능을 받아서 아무리 큰 일을 해도 천지를 창조하신 하나님께는 '지극히 작은 일'에 불과합니다. 그걸 놓고 우리끼리 크네 적네 하면서 재고 있는 것이지요. 중요한 것은 일의 결과가 아니라, 그 인생이 하나님께 충성한 인생이었느냐 하는 것입니다. 그래서 천국에서는 충성한 토끼와 충성한 거북이가 똑같은 칭찬을 받는 것입니다. 비록 골인한 시간은 천지 차이라 할지라도 말이지요.

그러니까 세상에서 큰 성공을 거둔 토끼들은 겸손해

야 합니다. 그가 그런 성공을 할 수 있었던 중요한 이유는 5달란트를 받았기 때문입니다. 올림픽에서 금메달을 딴 선수나 은메달을 딴 선수나 노력에는 차이가 없습니다. 하루가 24시간인데 인간이 노력해 봐야 얼마나 하겠습니까? 그걸 내 노력만으로 이루었다고 생각하는 것은 큰 교만입니다.

아주 가끔 제게 와서 "목사님은 어떻게 그렇게 설교를 잘하세요." 하는 분이 있으면 저는 겸손하게 말합니다. "타고 났습니다." 얼마나 겸손합니까? 제가 자랑할 것이 없다는 것입니다. 하나님께서 주셨다는 말입니다.

반대로 남들보다 상대적으로 적은 결과를 얻었다고 해도 전혀 실망할 이유는 없습니다. 천국에서는 결과의 문제가 아니라 하나님 앞에 어떻게 충성하였는가의 문제를 따지기 때문입니다. 그리고 충성은 한때 화려하게 활짝 피어나는 뛰어난 성취에서 찾을 수 있는 것이 아니라, 마지막까지 꾸준하고 성실하게 하나님을 붙들었던 그 자리에서 찾을 수 있는 것임에 분명합니다. 여러분이 토끼라면 교만하지 말고 충성하십시오. 여러분이 거북이라면 실망하지 말고 충성하십니다.

알려지지 않은 최고의 대학

우리의 연약함과 부족함을 가장 절절히 느끼게 되는 인생의 과정이 있습니다. 아니, 과정이라는 표현보다는 학교라는 표현이 좋을 것 같습니다. 기왕이면 대학이라고 해 두죠. 그 대학의 이름은 '연단'입니다. 사람을 만들어 주는 대학입니다.

이 대학에는 몇몇 학과가 있는데요. 가장 대표적인 학과로는 '고난', '핍박', '실패', '징계' 등이 꼽힙니다. 입학은 어렵지 않게 할 수 있지만, 졸업하기는 쉽지 않습니다. 십수 년에서 수십 년이 걸리기도 하니까 말이죠.

하나님은 당신의 사람을 세우실 때 반드시 이 대학에 밀어 넣으십니다. 그래서 우리가 아는 성경의 모든 인물들은 이 대학 동문들입니다. 그러고 보면 최고의 명문대학이라고도 할 수 있겠네요. 그러면 우리가 잘 아는 졸업자들의 면면을 살펴볼까요?

★ 고난학과 요셉, 다윗, 다니엘

먼저, '고난학과' 졸업자들입니다. 대표적으로는 요셉, 다윗, 다니엘 같은 인물들이 있습니다. 고난학과 졸업자들의 특징은 까닭 없이 찾아온 고난에서 겸손을 배우고 끝까지 하나님을 붙들어 승리한 사람들입니다.

요셉은 형들에 의해 십대에 이집트의 종으로 팔려가서 30세까지, 10년이 넘는 시간 동안 지독한 고난의 세월을 보냈습니다. 억울한 누명을 쓰고 감옥에까지 들어갔지요. 그러나 연단을 받는 기간 동안 누구보다 흐트러짐 없이 하나님을 바라보았던 인물입니다. 결국 30세에 하나님의 낙하산을 타고 이집트의 총리가 됩니다.

다윗 역시 십대에 왕으로 기름부음 받고, 다윗과 골리앗 사건으로 일약 스타덤에 오른 뒤에 20년 가까운 시간을 도망자로 광야에서 보내야 했습니다. 다윗의 인기를 시샘한 사울 왕이 다윗을 죽이려고 했기 때문입니다. 그동안 이리 쫓기고 저리 쫓기고, 때론 미친 사람 흉내를 내어 위기를 모면하기도 하며 견뎌야 했습니다. 결국 사울 왕이 전쟁터에서 전사하면서, 다윗 역시 하나님의 낙하산을 타고 왕궁에 무혈 입성하게 됩니다.

다니엘은 십대에 적국 바벨론의 치하에서 엘리트 교육을 받게 됩니다. 말하자면 특목고, 그것도 기숙학교인데요, 예수 믿는 사람이 우상 숭배하는 특목고에서 버티려니 얼마나 힘들었겠습니까. 다니엘은 이 상황에서도 뜻을 정하여 하나님의 자녀로 살려는 몸부림을 치는 탁월함을 보여 줍니다. 나중에 고위 관료가 되어서는 하나님을 믿는다는 이유로 사자굴에 들어가 죽음을 직면하게 되지만, 결코 굽히지 않는 믿음으로 승리한 인물입니다.

★ 실패학과 모세, 베드로, 야곱

다음은 '실패학과' 졸업자들입니다. 이 실패학과 졸업자들은 처음부터 그 의지와 열정이 대단했던 사람들이 많은데요. 철저한 실패를 통해서 겸손을 배운 뒤에야 그들의 의지, 열정이 빛을 발했던 사람들입니다. 앞서 이미 모세나 베드로와 같은 인물, 그에 앞선 야곱 같은 인물이 이 과에 속한 사람들입니다.

모세는 열정과 혈기로 일어섰던 40대에 오히려 민족에게 배척을 당하는 철저한 실패를 경험하게 됩니다. 그리고 무려 40년 동안 광야에서 양을 치게 되지요. 이 기간 모세는 고난학과 학생들처럼 하나님 뜻 안에서 승리하는 삶을 살게 된 것이 아니었습니다. 그냥 철저한 무기력함과 실패를 맛본 것이 전부였습니다. 40년 동안 장인에게서 독립할 생각도 하지 않고 그 아래서 양을 치고 있었던 것은 모세의 무기력함을 잘 보여 줍니다.

또 하나님께서 부르셨을 때 오히려 "보낼 만한 자를 보내소서." 하고 거절했던 모습을 보아도 모세가 얼마나 빼저린 실패의 상황을 맛보고 있었는지를 알 수 있

습니다. 그러나 이 실패는 실패를 위한 실패가 아니었습니다. 여기서 지극한 겸손을 배운 모세는 결국 하나님의 귀한 도구로 쓰임을 받습니다.

베드로는 "죽을지언정 주를 부인하지 않겠나이다."라고 큰소리 쳤던 열심과는 달리 결국 주님을 세 번이나 부인하는 깊은 실패의 나락에 빠지고 맙니다. 다니엘 같은 인물과는 반대로 사자굴은커녕, 여자 아이의 몇 마디에 예수님을 부인하다 못해 저주하고 도망했던 실패자였습니다. 그러나 주님은 그 실패를 통해 베드로를 혈기와 열정만이 아닌 겸손을 갖춘 사역자로 세우십니다.

야곱은 자신이 원하는 하나님의 축복을 얻어 내고자 형과 아버지를 속인 인물입니다. 말하자면 하나님을 향한 열정은 소유했지만 그 열정이 빗나간 열정이었던 셈이지요. 결국 야곱은 자신의 행동으로 인해 외삼촌 라반의 집에 쫓겨 가게 되고, 거기서 20년 동안이나 라반의 속임수로 괴로움을 당합니다.

라반의 집에서 다시 고향으로 돌아온 뒤에는 그의 아들들이 야곱이 가장 사랑하는 아들 요셉을 종으로 팔아넘기고는 야곱에게 죽었다고 거짓말을 합니다. 애굽의 총리가 된 요셉을 다시 만나기까지 야곱은 가장 사랑하는 아들을 잃은 아픔을 안고 살게 된 것이지요.

나중에 요셉을 만나고 바로 왕 앞에 섰을 때, 야곱은 자신의 인생을 '험악한 세월'이었다고 말합니다. 속이는 자 야곱은 이처럼 철저하게 속임을 당함으로 실패를 경험합니다. 그러나 그 실패를 통해 야곱은 겸손한 하나님의 사람으로 세워져 갑니다.

★ 선택과목 핍박학과, 징계학과

그 밖에도 자질이 뛰어난 학생일수록 더 과정이 심화되는 '핍박학과'도 있습니다. 이 '핍박학과'는 복수전공이나 대학원으로도 인기가 아주 많아서 하나님께 쓰임받은 사람이라면 대부분 한 번은 거치는 과정이기도 하지요. 또 주로 말 안 듣는 학생들이 들어가서 새롭게 된다는 '징계학과'도 있고요.

이 연단의 대학은 실제로 최고의 대학임에도 불구하고, 사람들은 그 진가를 잘 모르는 경우가 많습니다. 그래서 스스로 입학하는 사람은 별로 없지요. 심지어는 이 대학에 들어가면 3류 학생쯤 되는 것으로 알고 있는 사람도 있습니다. 그러나 알고 보면 이 대학이 얼마나 훌륭한 대학인지 이제 아시겠지요?

'고난', '핍박', '실패', '징계' 같은 전공을 이수하고 있는 친구들, 여러분은 벌써 훌륭한 대학에 입학한 대학생입니다. 의연하게 졸업하고 나면 분명, 하나님 나라의 멋진 직장이 기다리고 있을 것입니다.

아파서 사명이다

누구도 고통을 달가워하지 않습니다. “난 고통 받고 싶어.” 하는 친구가 있다면 아마도 깊은 치료와 기도가 필요한 친구겠지요. 고통은 누구나 피하고 싶은 것, 달가워하지 않는 것, 뭔가 부족한 상태, 열등한 상태라고 말할 수 있을 것입니다.

그러나 성경에 보면 이런 고통 자체를 사명으로 받은 사람들이 있습니다. 그의 고통으로 말미암아 하나님의 뜻을 세상에 드러내는 사람들입니다.

욥은 의인이었습니다. 욥기의 서두에서 사탄은 하나님의 묵인 하에 이 욥을 시험할 수 있게 됩니다. 보통 이 욥기의 내용을 하나님을 잘 섬기던 욥이 사탄에게 시험을 받게 되었으나 잘 견뎌서 잘 먹고 잘 살게 되었다는 이야기라고 단정해 버리고 맙니다. 그러나 그런 단순한 이야기를 하려고 성경에 무려 42장에 이르는 분량을 할애했을 리가 없지요.

욥기에 있어 욥이 복 받았다는 결론은 어떻게 보면 그렇게 중요한 장면이 아닙니다. 욥기는 "이 세상에서 왜 의인이 고통을 당하는가?" 하는 심오한 주제를 다루고 있습니다. 까닭 모르는 고통을 당하는 의인 욥과 그의 친구들, 그리고 제3자인 엘리후의 대화를 통하여 인간의 존재, 하나님의 섭리와 같은 신학적 논의들을 더듬어 가다가 결국 하나님의 임재를 통해 내려지는 예상 못한 결론에 이르는 과정을 상세하게 그리고 있습니다.

그렇게 보면, 욥의 고통은 그 자체가 우리를 하나님을 아는 지식으로 인도하는 욥의 사명이었음을 알게 됩니다. 그러니까 욥은 고난 끝에 성공해서 사명을 감당한 것이 아니라 고통 그 자체가 사명이고, 그 고통이라는 사명을 통해 우리에게 하나님을 알리는 것이 그의 임무였다는 말입니다. 그리하여 욥기는 오늘날 까닭 없는 고통을 당하는 많은 하나님의 사람들을 온전히 세워 주는 귀한 성경이 되었습니다.

예레미야도 마찬가지입니다. 예레미야는 유다 왕국 말기에 유다 왕국이 하나님의 심판으로 멸망할 것을 예언한 선지자입니다. 하나님께서는 예레미야에게 유다 왕국의 끔찍한 종말을 보여 주십니다. 그리고 예레미야에게 그 심판을 경고하고 회개를 촉구할 것을 사명으로 주십니다. 그러나 예레미야의 비극은 그가 아무리 외쳐도 유다의 파멸을 막을 수 없다는 사실을 알고 있었다는 데 있습니다. 왜냐하면 하나님께서 그들이 결코 회개하지 않을 것임을 알려 주셨기 때문입니다. "회개하지 않을 것이다. 그러나 너는 외쳐라." 이것이 하나님의 명령이었던 것입니다.

그렇게 외쳤던 시간이 무려 40년입니다. 이것은 너무나도 큰 고통이었습니다. 분명히 안 될 것을 알면서도 40년이나 그 일을 해야 한다는 것은 얼마나 끔찍한 일입니까? 예레미야는 자신의 동족이 맞이할 끔찍한 파멸을 바라보며 깊은 슬픔과 아픔으로 눈물을 흘렸습니다. 동시에 이렇게 오랜 세월 외쳐도 회개는커녕 자신을 핍박하는 동족들의 죄악에 대해 분노하며 눈물을 흘렸습니다. 40년의 세월을 아픔과 고통으로 보내며, 유다의 멸망과 함께 언젠가 하나님의 때에 찾아올 새 시대를 예언했습니다.

고통은 예레미야의 사명이었습니다. 이 고통 끝에 성공한 예레미야가 어떤 놀라운 사명을 감당하게 되었다는 것이 전혀 아닙니다. 고통 자체가 그의 사명이었습니다. 망해 가는 하나님의 백성을 보며 고통 속에서 장송곡을 부르고 눈물을 흘리는 것이 그의 역할이었습니다. 그리고 그러한 자신의 고통을 통해서 그처럼 아파하시는 하나님의 마음을 드러낼 것이었습니다. 이 고통이 끝나면 이 땅에서의 예레미야의 사명도 끝이 납니다. 예레미야서를 통해 오늘을 고통 가운데 살아가는 많은 사명자들이 그럼에도 불구하고 소망을 잃지 않는 위로와 회복을 얻게 되었습니다.

선교 역사에 지대한 영향을 끼쳤으며, 많은 설교자들

에게 영향력을 끼친 데이비드 브레이너드라는 사람이 있습니다. 그가 아홉 살 때 아버지가 죽었고, 열네 살 때는 어머니가 죽었습니다. 그리고 데이비드 자신은 스물아홉에 결핵으로 죽었습니다. 그는 선교사 생활 내내 각혈과 발작으로 고통을 겪어야 했습니다. 치료할 방법도 없었고, 하나님도 치료해 주시지 않았습니다.

그는 평생을 우울증에 시달렸습니다. 상태가 잠시 소강되면 잠깐의 기쁨을 누렸지만 그것도 오래가지는 못했지요. 대학 시절엔 교수에게 앉아 있는 의자 값도 못한다고 욕을 해서 결국 퇴학을 당하고 맙니다. 이 사건은 데이비드의 평생에 큰 상처로 남게 됩니다. 이후 정상적인 목회의 길이 막혔기 때문에 어쩌면 별수 없이 선교사의 길을 택하게 됩니다.

인디언들에게 선교 사역을 시작한 데이비드는 좋지 않은 건강과 그것을 더 악화시키는 열악한 환경에 시달리다가 결국 4년 만에 죽음을 맞이하게 됩니다.

그의 사후에 출간된 「데이비드 브레이너드의 생애와 일기」(좋은씨앗)에는 고통으로 점철된 그의 짧은 인생, 그 가운데서 애타게 하나님을 더듬어 가는 데이비드의 몸부림이 고스란히 녹아 있습니다. 그러한 고통 가운데서 그는 보석과 같은 신앙 고백, 믿음의 결정체를 빚어 갔습니다. 마치 조개가 상처 속에서 아름다운 진주를 머금어 가듯이 말입니다.

어떻게 보면 그의 삶은 초라하기 그지없는 고통과 아픔의 연속이었습니다. 그러나 그가 시작한 인디언 선교 사역으로 수백 명의 인디언들은 구원을 얻었으며, 프린스턴과 다트머스 대학 설립의 길이 열렸습니다.

그는 이후의 선교 역사에도 지대한 영향을 끼칩니다. 인도의 윌리엄 캐리, 페르시아의 헨리 마틴, 스코틀랜드의 맥 체인, 아프리카의 데이비드 리빙스턴, 에콰도르의 짐 엘리엇 등 현대의 무수히 많은 선교사와 설교자들이 이 데이비드 브레이너드의 삶과 기록에 영향을 받았음을 고백하고 있습니다.

데이비드는 고통 가운데 생을 마감하였지만 그 고통은 데이비드의 거룩한 사명이었습니다. 그가 그처럼 고통을 겪지 않았더라면 그로 인해 생겨난 이 보석 같은 결실들도 결코 있을 수 없었을 것입니다. 인생의 모습이 초라하다고, 결코 그 인생의 가치가 초라한 것은 아닙니다.

완소 데이비드님
선배님 짱~
맥 체인
헨리 마틴
윌리엄 캐리
짐 엘리엇
내 속도 모르고…

단점도 재능일 수 있다

단점을 좋아하는 사람은 없습니다. 단점의 뜻 자체가 '잘못되고 모자라는 점'이니까 이상한 일도 아니지요. 그런데 가만히 보면 우리가 단점이라고 단정해버리는 것은 우리가 생각하는 방향에 따라 자신만의 재능이 되는 경우도 많습니다. 단점의 재발견이라고 할까요.

예컨대 '참을성 없는 성격'을 가지고 있는 사람은 보통 그것이 단점이라고 생각합니다. 이게 단점인지 장점인지 헷갈리면 구별하는 방법이 있습니다. 옆 친구에게 “넌 왜 이렇게 참을성이 없니.”라고 해 보세요. 그 친구가 “진짜? 내가 그렇게 참을성이 없어? 우와! 얘들아 나 참을성이 없데!” 그러면 장점입니다. 그렇지만 “내가 왜 참을성이 없어? 그러는 너는 얼마나 참을성이 있길래?” 이러면 단점입니다.

참을성이 없다는 것은 보통 단점이라고 여깁니다. 그런데 제가 가만히 보니까 인류 역사상 중요한 일을 했던 사람들 중에는 참을성이 특별히 없는 사람이 많았습니다.

에디슨은 전구를 발명한, 좀 더 정확하게 말하자면 처음 발명한 것은 아니고 실용화된 전구를 개발한 인물이지요. 그에 의해 발명, 개발된 물건들이 헤아리기 힘들 만큼 많습니다. 그러고 보면 이 에디슨이야말로 참을성이 없는 사람 아닙니까? 그냥 좀 불편하면 참고 살지요. 좀 컴컴하면 컴컴한 대로 살고 말이죠. 해 뜨면 일어나고 해지면 자고 그러면 되지 않겠습니까? 왜 참을성 없이 밤에 불을 켜겠다고 나서서 우리가 밤에까지 공부를 하게 만들었느냐 말입니다.

빌 게이츠, 스티브 잡스 같은 인물도 마찬가지입니다. 그냥 그전에 하던 대로, 있던 대로 불편해도 참을성 있게 살면 될 것을 뭘 그렇게 못 바꿔서 안달을 내고 말입니다. 우리에게 그렇게 새로운 물건들을 안겨다 주었는지요.

이렇게 보면 참을성이 없다는 것은 어쩌면 창의성이 있다는 것의 다른 말일 수가 있는 것입니다. 어느 유명한 디자이너가 했던 말이 기억납니다. "저는 한 가지를 오래하는 성격이 못 돼요. 늘 새로운 것을 찾는 성격이거든요. 이런 성격이 제가 창의적인 일을 할 수 있는 원동력입니다."

재미있는 것은 이런 사람들의 특징은 참을성 없는 행동을 참을성 있게 꾸준히 했다는 것입니다. 어쨌든 참을성이 없다는 단점은 어떻게 사용되느냐에 따라 창의성 있는 일을 하기에 적합한 장점이 될 가능성이 있더라는 말입니다.

'소심한 성격' 역시 보통 단점이라고 여깁니다. 아까 말씀드렸잖아요. 확인하는 법. 옆 친구에게 "넌 참 소심해." 해 보세요. 기뻐하나 화를 내나. 단점 맞지요?

그러나 여러분, 이 소심한 성격은 여러 모로 유용한 재능이 될 수도 있습니다. 일단, 소심한 사람들은 사람들에게 상처를 잘 주지 않습니다. 제가 목회를 해 보니까 목회자들은 어느 정도 소심해야 한다는 것을 알게 되었습니다. 성도들을 섬기고 돌봐야 하는 과정에서, 너무 대범하기만 하면 많이 부딪히고, 나나 상대나 많이 아파하게 됩니다. 여러 사람의 입장을 소심하게 살피는 일이 반드시 필요합니다.

또 요즈음 같이 섬세한 감성이나 꼼꼼한 작업이 필요한 일에는 소심함이 필요합니다. 0.00001mm를 헤아려야 하는 첨단 산업의 작업장에서 대범하게 팍팍! 해 버리고 나면 아마, 다 작살이 나고 말 것입니다.

느리다는 것은 생각이 깊다는 것일 수도 있습니다. 덤벙댄다는 것은 성격이 넉넉하다는 뜻일 수도 있습니다. 인간관계가 좁다는 것은 한 사람을 소중하게 본다는 뜻일 수도 있습니다. 무능력하다는 것은 뭘 해도 지금보다는 나을 수 있다는 가능성일 수도 있습니다. 말을 잘 못한다는 것은 적어도 말과 행동이 다른 사람은 아니라는 진솔함일 수도 있습니다.

별 볼일 없다고 쓰레기통에 처박아 둔 나의 단점들을 잘 살펴보시기 바랍니다. 나의 부족함 속에 정말 나의 재능이 숨어 있는지도 모릅니다. 그 부족함이 하나님의 손에 들리면, 바른 목적에 따라 바르게 쓰이면 둘도 없는 능력의 도구가 될 수 있습니다.

땅 끝을 생각하다

우리는 얼마나 많은 시간을 우리 자신의 부족함과 씨름하는지 모르겠습니다. 물론 때로 부족함이란, 극복의 대상일 수도 있고 더 나아져야 할 미숙함일 수도 있습니다.

그러나 그러는 사이 우리도 모르는 새 쓰레기통 속에 넣어 버렸던 소중한 것들이 있지는 않은가 돌아봅니다. 극복이나 개선의 대상이 아니라 함께 함으로 오히려 더욱 아름다운 부족함들 말입니다. 우리가 너무

크고 너무 화려한 것만을 보다가 작지만 소중한 것이 초라하고 부족한 것들이라는 이름표를 달아버린 것이지요.

전라남도 해남군 송지면에는 땅끝마을이 있습니다. 땅끝마을이라는 이름이 참 정겹지요. 우리나라 동서남북에 바다를 접한 마을들은 전부 땅끝마을이 되는 셈이 아닌가요? 땅 끝이라는 말을 있는 그대로 이해하자면 그야말로 땅이 끝나고 바다가 시작되는 곳이니 말입니다.

엉뚱한 생각을 하다 보니 생각은 더 엉뚱해져서 갑자기 성경 한 구절이 떠오릅니다.

> "오직 성령이 너희에게 임하시면 너희가 권능을 받고 예루살렘과 온 유대와 사마리아와 땅 끝까지 이르러 내 증인이 되리라 하시니라"(행 1:8)

여기도 땅 끝이 등장합니다. 시작은 예루살렘입니다. 수도인 예루살렘에서 출발해서 온 유대 땅, 그리고 유대와 인접한 사마리아 땅, 그리고 팔레스타인 지역을 넘어 땅 끝까지 내 증인이 되라고 예수님은 명령하셨습니다.

여기서 땅 끝은 어디를 말할까요? 예루살렘을 중심으로 말 그대로 땅 끝을 따져 보자면 북쪽으로는 러시아 어디쯤이 될 것 같네요. 남쪽으로는 중동지역과 아프리카 대륙이 이어져 있으니, 아프리카 최남단까지는 내려갈 수 있을 것이고요. 서쪽으로는 스페인, 포르투갈 정도가 될 거고, 동쪽으로는 아시아 대륙을 관통해서 우리나라까지도 올 수 있습니다.

이렇게 되면, 바다가 가로막힌 남북아메리카 대륙과 오세아니아 대륙은 복음에서 열외가 되어버리고 맙니다. 그러나 그럴 리가 있겠습니까? 그러니 여기서 땅 끝이라는 표현은 문자 그대로의 땅의 끝이 아님이 분명해 보입니다.

마태복음 28장에 기록된 예수님의 명령을 살펴보면 그 의미를 잘 알 수 있습니다. 예수님은 이렇게 말씀하십니다. "그러므로 너희는 가서 모든 민족을 제자로 삼아."(마 28:19) 그렇습니다. 땅 끝은 곧 모든 민족, 민족의 끝까지를 의미하는 것입니다.

자, 그럼 이제 민족을 중심으로 땅 끝까지 가 봅시다. 일단 사도 바울의 여정을 따라 서쪽으로 전진해 봅니다. 유대 민족으로부터 시작해서, 터키, 그리스를 거쳐 로마를 지나 스페인, 포르투갈에 이르는 유럽의 민족들에 전진합니다.

대서양을 건너 아메리카 대륙의 민족들에게 이릅니다. 다시 태평양을 건너 일본을 지나 우리나라에 상륙합니다. 중국 땅에 수많은 민족에게 증거된 복음은 계속 땅 끝을 향해 나갑니다. 인도와 서아시아, 중동지역에 이르자 드디어 유대 밖 서쪽의 모든 민족에게 이르는 긴 여정을 마치게 됩니다.

어, 뭔가 이상하지요? 유대 민족에게서 서쪽으로 가장 먼 땅 끝 민족에게 이르자, 유대 민족과 가장 가까운 중동지역의 아랍 민족들에게 이르게 됩니다. 이상하긴요. 지구는 둥그니까 자꾸 걸어 나가면 온 세상 어린이들 다 만나고 제자리로 돌아오는 거지요. 그러니 이스라엘 민족에게 땅 끝은 늘 코를 맞대고 으르렁 거리는 아랍 민족들이 됩니다.

이런 식으로 헤아려 보면 우리나라의 땅 끝 민족은

어디인가요? 서쪽으로 땅 끝 민족을 찾아가면 일본이 종착지입니다. 동쪽으로 땅 끝 민족을 찾아가면 중국이 종착지가 됩니다. 이쯤 되면 눈치를 챘겠지요. 생각해 보니, 나의 땅 끝은 가장 가까이 함께 하며 살아가는 내 이웃이더라는 말입니다. 지구는 둥근지라, 내가 예루살렘이면 다시 내가 땅 끝이 되는 것입니다. 그러므로 땅 끝까지 복음을 증거하는 삶이란 실은 내게 주어진 삶의 자리에서 복음에 순종하며 복음을 증거 하는 삶인 것입니다.

그러니 선교는 할 필요가 없는 것인가요? 아니지요. 나를 부르신 곳이 대한민국 어느 학교, 어느 직장이든, 이웃나라 일본, 중국의 어디이든, 더 먼 인도, 중동 선교지 어디이든 부르신 곳에서 충성하는, 내게 주어진 삶에 자리에서 순종하는 삶을 살아야 한다는 말입니다. 내 고향과 먼 이방 땅이든, 아니면 고향 한복판이든 주어진 자리에서 순종하며 삶으로 입술로 복음을 증거하는 것이 땅 끝 사명입니다. 그런 의미에서 우리 모두가 바로 땅 끝으로 파송된 선교사들입니다.

저 먼 타국 오지에서 한두 생명을 놓고 씨름하는 선

교사님이, 한국 땅에 성도들이 북적이는 큰 교회를 부러워한다면 그것은 땅 끝 사명을 벗어나는 일이 될 것입니다. 그런가 하면, 오늘도 고향 땅의 소소한 삶의 자리에서 살아가는 그리스도인들이 저 먼 나라에서 사역하는 선교사님들에 비해 자신의 삶의 무게가 가볍다고 여긴다면, 그 또한 땅 끝 사명을 벗어나는 일이 될 것입니다.

초라한 사명은 없습니다. 우리의 삶의 자리가 사명을 감당하는 자리라면, 역시 초라한 삶이란 없습니다. 내게 주신 것을 귀하게 여기고, 내게 주신 것에 충성하는 삶을 살기를 원합니다. 그리하여 우리의 삶의 마지막에 이런 주님의 칭찬이 우리 귀에 들리기를 바랍니다.

> "잘하였도다 착하고 충성된 종아 네가 적은 일에 충성하였으매 내가 많은 것을 네게 맡기리니 네 주인의 즐거움에 참여할지어다"(마 25:23)